名人小时候的故事

敢做敢为的担当

李树芬　谭海芳 / 主编

中国少年儿童新闻出版总社
中国少年儿童出版社

北　京

图书在版编目（CIP）数据

敢做敢为的担当 / 李树芬，谭海芳主编. -- 北京：中国少年儿童出版社，2025.1.--（名人小时候的故事）. -- ISBN 978-7-5148-9245-1

Ⅰ. K811-49

中国国家版本馆 CIP 数据核字第 2024CX5704 号

GANZUO GANWEI DE DANDANG
（名人小时候的故事）

出版发行：	中国少年儿童新闻出版总社 中国少年儿童出版社

执行出版人：马兴民
责任出版人：缪　维

策划编辑：白雪静		主编：李树芬　谭海芳
责任编辑：王天晗		绘：郝文广
版式设计：王点点		责任印务：厉　静
责任校对：田荷彩		
社　　址：北京市朝阳区建国门外大街丙 12 号		邮政编码：100022
编辑部：010-57526379		总编室：010-57526070
发行部：010-57526608		官方网址：www.ccppg.cn
印　刷：河北赛文印刷有限公司		
开　本：720mm×1000mm　1/16		印张：10
版　次：2025 年 1 月第 1 版		印次：2025 年 1 月第 1 次印刷
字　数：100 千字		印数：1—5000 册
ISBN 978-7-5148-9245-1		定价：39.80 元

图书出版质量投诉电话：010-57526069　　电子邮箱：cbzlts@ccppg.com.cn

目录 CONTENTS

名人小时候的故事

改换门庭的佛家弟子——陆羽	1
学海无涯苦作舟——韩愈	7
出奇制胜巧断案——包拯	13
"一县无敌"小英雄——岳飞	18
少年侠客——施耐庵	24
精通九国语言的学习狂人——辜鸿铭	30
漂洋过海学技术——詹天佑	37
苦乐参半的少年生涯——鲁迅	44
父亲的开明家教——梁漱溟	50
敢作敢为的"骡子客"——贺龙	55
"偷"知识的人——朱光潜	62
小戏迷眼中的世界——闻一多	68
树木都是往上长——沈从文	74

成长路上的悲与喜——法拉第	80
顽皮的"黑毛小狮子"——马克思	85
鸟儿清理羽毛的大秘密——诺贝尔	91
在坎坷中成长——门捷列夫	97
母爱的力量——爱迪生	103
大自然的恩惠——泰戈尔	110
书籍的力量——高尔基	116
备受宠爱的小姑娘——阿加莎	123
充满斗志的少年——叶利钦	130
漫画让我们停止哭泣——宫崎骏	136
迷途知返的捣蛋鬼——乔布斯	143
家人是我的坚强后盾——科比	150

改换门庭的佛家弟子
——陆羽

中国人

茶学专家

出生地：复州竟陵（今湖北省天门市）

生活年代：733年—804年（唐）

主要成就：创立茶道，被称为"茶圣"

优点提炼：勤奋好学，执着有毅力

我叫陆羽，身世和一般人很不相同。我刚出生的时候，因为长得丑陋，被父母遗弃在西湖之滨。幸好有一群大雁飞到我身旁哀鸣不止，还伸出翅膀来护着我，给我保温，我才没有被冻死。

说来也巧，那天龙盖寺的住持智积禅师正好路过西湖，发现了我。

他慈悲为怀，将我抱回寺院收养。但是，寺院是清净之地，哪有乳汁来喂养我呢？禅师想来想去，就将我寄养在一位姓李的读书人家中。那位读书人是个好心肠，把我当作亲生孩子一样抚养。

我长到三岁时，智积禅师将我接回寺院，教我识字读书，对我呵护有加。

因为我的身世不详，一直没有正式的名字，智积禅师就煞费苦心地为我占卦取名。他从《易经》上选取了一句话："鸿渐于陆，其羽可用为仪。"把其中的"陆"字给我做姓氏，"羽"字给我做名，还定了表字为"鸿渐"。

智积禅师煮得一手好茶，并把煮茶的手艺悉心传授给了我。我在这方面很有天赋，很快便深得了茶艺之道。到后来，智积禅师就只喝我煮的茶了。

九岁时，禅师见我聪慧异常，很希望我能继承他的衣钵，将佛教发扬光大。但是，我并不想在庙里当一辈子和尚，于是就对禅师说："师父，感谢您的养育之恩。但是静坐佛堂并不是我想要的生活。我喜欢读一些积极向上的书，希望禅师准许我学习儒家经典。"

禅师回答道："你是一个有理想的孩子，值得赞赏。但佛家之道，广大深奥，你有慧根，只要坚持研究佛法，定有所成。"

说完，他把《坛经》《金刚经》《百喻经》这些佛教经典交到我手上，让我专心研究，不要再看那些"杂书"。

我表面上答应了禅师的要求，实际上经常在学佛经的同时，偷偷看我喜欢的儒家经典。智积禅师知道后十分生气。于是他改变了教育我的方法，故意安排一些粗重的体力劳动给我，包括打扫殿房、清洗厕所、粉刷墙壁、搬运砖头、在西湖边放牧等，想让我经历生活的磨难，理解人生的真谛，从而修炼成龙盖寺未来的高僧。

我不怕干这些体力活儿，只担心没有时间读书，荒废了学业。所以经常在干活儿的同时偷偷学习。

放牧时，我没有纸和笔练习写字，就用小竹棍在牛背上画字。遇到什么问题，就特地向读书人恭敬地请教。有一天，一位读书人送我一本张衡的《南都赋》，令我如获至宝。书上有些字不认识，我便先跳过，继续读后面的文章。虽然我读得磕磕巴巴的，但是心里却很开心。

智积禅师知道这些事后十分担心，怕我学习这些儒家典籍，离佛道更远，以后更难回心转意。他进而把我禁闭在寺中，让我干些劈柴除草之类的杂活儿，还派年长的师兄管教我。

我知道智积禅师是出于一片良苦用心，但我实在没法儿接受他的做法。于是，我在十二岁那年逃出寺院，加入了一个戏班。

虽然我长相丑陋，说话口吃，但我幽默机智，演丑角十分合适。我表演的木偶戏活灵活现。我还自己编创了一些小节目，很受大家的欢迎，很快就在当地小有名气了。

智积禅师发现我逃跑以后，专程下山找到我，说："你已经佛

心尽失,我也不再勉强。从今以后你顺从自己的愿望,学习孔孟之道去吧。"

智积禅师的一片苦心,令我十分感动。我拜谢了他的养育之恩,向他保证今后一定会做一个有用的人,不辜负他的教导。

没过多久,我在一次祭神活动上表演了几个精彩节目。太守很喜欢我的表演,特地派人把我找去单独谈话。了解我的身世之后,太守非常感慨地说:"不容易啊,你真是一个勤奋好学的孩子。"

后来,太守派人给我送来《诗经》《论语》等很多儒家经典,还为我写了一封推荐信,让我去离城五十里的火门山邹夫子那里求学。从此以后,我终于可以专心读书了。

延伸阅读

此水非彼水

陆羽是著名的"茶圣",茶道方面的造诣无人能及。

有一次,刺史李季卿在扬子江畔遇见了陆羽,便邀请他同船而行,一路探讨茶道。

李季卿听说扬子江中心的南零水煮茶很好喝,就命令士

这水不对啊!

卒驾着小船前去打水。士卒在返回时一不小心，将一桶装回来的水洒了一大半。他看四周没人，就偷偷舀了些岸边的江水充数。

陆羽尝了一口用这水煮好的茶，立即指出："这是岸边的江水，并不是南零水。"

李季卿不相信，命令士卒再去取水。

第二次取来后，陆羽刚一品尝，就微笑着说："这才是江中心真正的南零水。"

取水的士卒见无法隐瞒，只好跪下说出了实情。李季卿得知后，对陆羽更加佩服。

学海无涯苦作舟
——韩愈

中国人

文学家、思想家、政治家

出生地：河南河阳（今河南省孟县）

生活年代：768年—824年（唐）

主要成就：倡导古文运动，对我国古代散文的发展具有深远影响，代表作有《论佛骨表》《师说》《进学解》等

优点提炼：刻苦勤奋，有独立见解

我三岁就成了孤儿，是由哥哥和嫂子抚养长大的。哥哥在京城做官，为人正直清廉，文章也写得很好，受到许多人的尊敬。哥哥对我很照顾，既教我读书，又教我做人。我七岁就能背诵许多诗文，会写一些文章了。

在我十岁那年，哥哥因为一件案子受到牵连，被赶出京城，到韶

州（今广东省韶关一带）做官。我只得离开京城，跟着哥哥一路颠簸，前往韶州。

好不容易到了韶州，哥哥把家安顿下来以后，满怀愧疚地对我说："弟弟，一路上你跟着我受苦啦！"

我眼含热泪，说："哥哥，自古以来凡是有大成就的人，都经受过大磨难。左丘明双眼失明，才发愤写出了《左传》；屈原被流放，才写出了《离骚》；司马迁受了宫刑，才写下了《史记》。如此看来，要想有所建树，必须经历困苦！和古人相比，这点儿苦算什么呢？"听了我的话，哥哥非常高兴。

生活刚安定下来，我正要集中精力读书，不料厄运又降临了。哥哥由于心情苦闷，再加上水土不服，不久就生病去世了。哥哥一死，嫂子成了寡妇，一家人的生活更加艰难了。没有办法，嫂子只好带着我，护送着哥哥的灵柩，千里迢迢回到了老家。

家里的生活变得很艰苦，嫂子供不起我上学，但她仍然鼓励我抓紧时间读书，不要虚度光阴。没钱请老师，她就亲自当我的老师。每天三更时分，我就从床上爬起来读书。累了，就把书本当枕头睡一会儿，醒了接着再看。无论吃饭睡觉，手里都不放下书本。吃饭的时候没菜，就边看书边吃饭，丝毫不觉得饭难以下咽。几年后，我就通读了《论语》《庄子》《孟子》《荀子》等许多书籍，写作水平也有了很大提高。

在我十四岁那年，嫂子把我叫到身边说："兄弟，我已经教不了你了。为了不耽误你的学业，你还是到洛阳求学去吧。那里有学问的人多，你一定会学有所成的。"

到了洛阳以后，我拜访了一些韩家的亲朋故友。他们见我懂礼貌有学问，很喜欢我，纷纷邀请我住在他们家里。但我觉得这正是磨炼自己意志的好机会，就谢绝了他们的好意。我租了两间简陋的茅屋住下来，开始了清贫的读书生活。

我穿着补丁摞补丁的旧衣服，每天只吃两顿饭，剩下的时间都用来读书访友。我读书非常痴迷，口干舌燥了就喝口菜汤，润润嗓子继续吟诵揣摩。即使到了寒冷的冬天，我也舍不得生火取暖。砚台里的墨汁结冰了，我就用嘴哈口热气，等冰融化了接着写。我并不喜欢当时流行的骈（pián）体文，而更喜欢先秦两汉时期的散文。经过不断地苦读、背诵、深思，不断地记笔记，提炼纲要，研究分析，我把前人写的精彩文章都揣摩透了。

有一次，我和朋友们聚在一起，谈论什么样的文章算是好文章。一位朋友说："我觉得最好的文章是骈体文。它句式工整，辞藻华丽，讲究用典，很能体现写作者的水平。"

我说："我不同意你的观点。我觉得读书就像品酒一样，好文章读起来让人痛快，差文章读起来枯燥无味。比如骈体文就死板得很，读了以后让人憋气难受。"

"那么依你之见，哪些名家的文章写得好呢？"这位朋友不服气

地问我。

　　"要说先秦的文章,当然是孟子、庄子。要说两汉的好文章,首先是大儒董仲舒,其次是贾谊、扬雄。他们的文章形式自由,词句动人,含义深刻。我们写文章,应该摒弃骈体文,恢复先秦和两汉的古文传统。"大家听了我的话以后,都频频点头。

　　几年后,我又到京城求学。我听说有个叫梁肃的人,对写文章很有见地,也主张用先秦、两汉的散文形式进行写作,是当时有名的文学家。我于是登门拜访,见面之后我和他谈得很投机。后来,我拜在他的门下,学习散文写作,古文水平也得到了很大提高。

我第一次参加科举考试，按照考题的要求写了篇古文风格的文章，结果却名落孙山。等第二次参加科举考试的时候，考题和上次一模一样。我于是把第一次写的那篇文章一字不改地交了上去。主考官看了以后，觉得似曾相识，反复又看了几遍，不禁拍案叫绝："好文章！完全是古文风格，没有一点儿骈体文的味道。如果不仔细看，差点儿埋没人才了。"

就这样，我考中了进士，并且名列榜首。

延伸阅读

韩愈祭鳄鱼

相传韩愈贬官来到潮州（今广东省潮州市）后，听说潮州城外有一条江，经常有鳄鱼出没，很多过江的百姓和江边的牲畜都被鳄鱼吃了。所以，当地人把这条江叫作恶溪。

一天，又有一个百姓被鳄鱼咬死了。韩愈知道后很着急，心想：鳄害不除后患无穷。他先是前往恶溪了解情况，然后便组织了一批捕鳄能手，准备清除鳄害。

在行动之前,他命令手下人杀猪宰羊,先到城北江边设坛祭鳄。韩愈在渡口旁边的一个土墩上,摆了祭品,点上香烛,对着大江严厉地宣布道:"鳄鱼!鳄鱼!韩某到这里来做刺史,为的是保土安民。你们却在此祸害百姓。如今姑念你们无知,不加惩处,限你们三天之内带同族类离开此地,三天不走就五天走,五天不走就七天走。七天再不走,便要严处!"说完,把祭文焚化,连同猪羊投入江中,拜祭鳄鱼。

说来也巧,从此以后江里再也没有看见过鳄鱼,据说所有的鳄鱼都出海到南洋去了。

后来,人们为了纪念韩愈,把这条江改名为"韩江",把韩愈祭鳄鱼的地方叫作"韩埔",渡口叫"韩渡",江对面的山叫作"韩山"。

限时搬家,我是刺史,就问你怕不怕!

出奇制胜巧断案
——包拯

政治家

中国人

出生地：庐州府合肥（今安徽省合肥市肥东县）

生活年代：999年—1062年（北宋）

主要成就：一生清正廉洁，刚正不阿，是老百姓心目中的清官

优点提炼：不畏权贵，不徇私情，清正廉洁

我叫包拯，相信大家对我都不陌生。一直以来，我留给大家的印象是脸长得黑，额头上还有一个月牙儿标志。不过，我要澄清的是，我长得并不黑，额上也没有月牙儿。

那么，我这个印象是怎么来的呢？我觉得，大概是因为我为人刚正不阿，又不喜欢笑，经常黑着个脸，因此被人说成脸很黑。至于月牙儿，是因为我小时候贪玩，磕破了头，在额头上留下了一个弯月般的伤疤。等我当官后，因为惩治了很多坏人，老百姓就把我神化了，夸张地认为我"日审阳间，夜审阴间"，还给我冠上了"包青天"的名号。

好了，澄清了自己的形象后，我再来讲讲自己小时候的故事吧！

我出生于一个官宦之家，从小就受到了良好的教育。和别的孩子不同的是，我对"四书""五经"之类的经典著作不感兴趣，只喜欢看推理、断案方面的书籍，还有历代清官圣贤的传奇故事。

我的父亲和知县交往密切，由此我从小就可以随意出入县衙。一有机会，我就去旁听知县断案。这样从小在耳濡目染之下，我也学到了不少的断案知识。

有一次，我跟父亲前去拜访知县，正好遇到知县在处理"焚庙杀僧"这个案子。我们又跟随县令到现场仔细勘查，发现了一些蛛丝马迹，然后顺藤摸瓜，官差们找到了一个涉案的可疑人员。可是那家伙一口咬定这事跟自己没关系。怎么才能让他开口招供呢？知县犯难了。

这时，我在旁边想出了一个好主意。我让知县假扮阎王，再请个会表演的官差大哥扮作那个被害的僧人，当场与嫌疑人对质。由于场景逼真，表演生动，嫌疑人竟然信以为真，于是心理防线彻底崩溃，一下就招认了。虽然这事有封建迷信色彩，不过那些做贼心虚的家伙就是吃这一套。知县说我的法子叫出奇制胜。

这件事情过后,我的心情久久难以平静。我心里想:原来惩治坏人、帮助好人是一件如此快乐的事情,这真是让人太有成就感了!我长大后一定要做一个秉公执法、为民申冤的好官。

姐姐得知我的理想后,对我说:"要想成为一个断案如神的好官,光有理想可不行,还需要有足够的智谋。这样才能跟那些坏人斗智斗勇啊!"

为了考我,姐姐隔三岔五地就给我出难题。有一次,她早早地来到学堂,悄悄拿一个熟鸡蛋让一个同学吃了,然后再找来九个同学站成一排,要我找出来是谁吃了鸡蛋。

我从大家面前挨个儿地走过,仔细观察他们的面色和嘴巴,但是没有看出什么端倪。我心想:单是这样应该看不出什么来,该想个什么法子呢?

我踱了几步,想出个好法子。我端来十碗清水放在每个同学面前,请他们都喝一口,然后在嘴里"咕噜"几下漱漱口,再吐回到碗里。

最后我依次检查,当看到第五个时,发现碗内有鸡蛋残屑。但我没有马上做出结论,而是等看完全部碗后,才郑重向大家宣布:"第五个同学吃了鸡蛋!"

这时,站在旁边的姐姐朝我竖起大拇指,佩服地说道:"弟弟真不错,我服了你了!"

听了姐姐的夸奖,我更加得意了。后来我干脆对断案上了瘾,每

次遇上什么蹊跷的事情,都要探究个清楚。

　　我就这样凭着认真的观察,为大家主持公道,破解了一些看似毫无头绪的案件。后来,我如愿以偿地当上了开封府的府尹(官名,相当于现在的市长),真正成为一个秉公执法、为民申冤的好官。

 **延伸阅读**

铁面无私的包拯

　　包拯从小就展现了超人的胆识和才智。等他长大后进入官场,一身的浩然正气更是在官场中得到了大家的赞扬,也让那些心怀不轨的"小人"避而远之。如果违法乱纪的家伙遇上了包拯，就只能自认倒霉了。

最典型的"倒霉蛋"要算张尧佐了。他是皇帝的宠妃张贵妃的堂伯父，在官场上得意了好一阵子，一年之内晋升了四次。虽然当朝很多大臣对他很不满，却也是敢怒不敢言。

天不怕地不怕、铁面无私的包拯才不管这么多，他首先提出弹劾。皇帝一开始完全不理会他的谏言。没想到包拯一次不成就接二连三、没完没了地弹劾下去。皇帝不听劝告，他居然敢于当面和皇帝理论。

最后，皇帝迫于包拯的执着只好妥协了，下旨查办了张尧佐。包拯也以铁面无私让官场的"小人"闻名丧胆。

"一县无敌"小英雄——岳飞

军事家、战略家、抗金名将

中国人

出生地：相州汤阴县（今河南省安阳市汤阴县）

生活年代：1103年—1142年（北宋末年至南宋初年）

主要成就：抗金北伐，收复襄阳六郡，取得郾城、颍昌大捷

优点提炼：武艺高强，治军有方，爱国爱民

我出生的时候，祖国正处在一个多灾多难的年代：皇帝昏庸，奸臣当道，北方少数民族女真族虎视眈眈，时刻想着侵略我们……

我姓岳，名飞，字鹏举。这个名字是怎么来的呢？据我妈妈讲，

我出生的那天傍晚，有一只大鸟扑扇着长长的翅膀，鸣叫着飞过我家的屋顶。我爸爸从来没见过这么大的飞禽，感到很惊奇，于是就给我起名叫"飞"，后来又起了表字叫"鹏举"，希望我长大以后像大鹏鸟一样展翅高飞，建功立业。

本来我家的家庭条件还不错，可是在我还没有满月的时候，黄河决口发了一场特大洪水，我的家乡成了一片汪洋。妈妈抱着我，坐在一口水缸里，随着洪水漂流而下，最后被人搭救才活了下来。等洪水退下去之后，我们回到家里一看，已经一无所有了。

俗话说，穷人的孩子早当家。正因为家境贫寒，我不得不从小就参加劳动，打柴拾草，耕地收割，什么都干。我很羡慕那些能够读书的孩子，但是我交不起学费，上不起学。妈妈看出了我的心思，就每天教我认字，慢慢地我也可以读书了。没钱买灯油，我就白天拾一些干柴，晚上点着用来照明读书，有时甚至通宵不睡觉。我最喜欢读的书是历史书籍和兵书，如《左传》《孙子兵法》等。

除了读书，我更喜欢的还是练武。长期的劳动使我的身体素质很好，身体结实，力气超人，平时跟村子里的小伙伴在一起耍枪弄棒，我从来不吃亏。我听说邻村有个叫周同的，是个神箭手，百步穿杨百发百中，就找上门要拜他为师。

周同见我只是个十来岁的孩子，就递给我一张小弓让我拉，想看看我的力气。我毫不费力地把弓拉开了。周同又递给我一张大弓，我

一使劲再次拉了个满弓。周同说:"孩子,想不到你有这么大的力气!你知道吗,在军队里能拉开这张弓的人就算是武艺超群,完全可以给皇帝当侍卫了。"

说完他又递给我一张更大的弓。我把弓拿在手里掂了掂,觉得很有分量。仔细一看,只见这张弓的弓背是用两根宽厚的竹片弯成的,而且竹片中还夹着两片羊角,外面缠上丝线,又涂了一层厚厚的桐油。再看那紧绷绷的弓弦,几乎跟我的手指一样粗。

周同问我:"这张弓怎么样?能拉开吗?"

我说:"试试看吧。"

说完,我深吸了一口气,弓腿收腹,屏住呼吸,用手勾住弓弦,大喝一声："开！"只听"咯吱吱"一阵响，那张大弓也被我拉开了！

周同吃惊地看着我，说："孩子，你真是神力啊！这张硬弓比刚才那张劲大了一倍，没有单手提起三百斤的力气，根本拉不动它。我活了大半辈子，认识的好汉不算少，可能拉开这张弓的却没有几个。你是一块学武的好材料啊！你这个徒弟，我收下了！这张弓也送给你了。"

从那以后，我天天跟周同师傅学习射箭。周师傅认真教，我认真学，很快就掌握了射箭的全套技巧，不仅射得准，而且还能左右开弓。有一天，周同师傅把箭靶设在百步以外的一棵大树上，率先连射三箭，每支箭都正中靶心。然后，他让我也射一箭，看看我的箭术有没有长进。我捧起师傅送给我的那张硬弓，把一支箭搭在弓弦上，开弓如满月，手一松，那支箭像长了眼睛一样，正射中靶心那支箭的箭尾，把箭杆从正中劈成两半。围观的人一阵欢呼。周同师傅激动地抓着我的肩膀，摇晃着说："岳飞，你真是青出于蓝而胜于蓝啊！"他把自己手中的那张弓也递给我，说："我这辈子最喜爱的就是这两张弓，现在都送给你。目前国家正是用人之际，你好好练，将来一定会大有作为的！"

我的外公姚大翁见我喜欢练武，并且学有所成，就请了一位当地的使枪高手陈广教我枪法。我悟性好，又肯下苦功，很快就学会了陈广师傅的枪法，并加以创新，形成了一套更加精妙的枪法。不久，县里举行比武大会，我凭借枪法和箭术战胜了所有对手，夺得了第一名。

从那以后，人们给我起了一个外号，叫"一县无敌"。

在我十九岁那年，朝廷在相州（今河南省安阳市）招兵。我觉得国家正受到外族的入侵，自己满身武艺，不正是报效祖国的好时机吗？于是，我毅然报名参军，走上了保家卫国的战场……

延伸阅读

巧施反间计

南宋初年，济南知府刘豫投降金国，被封为傀儡政权的"大齐皇帝"。从那以后，刘豫多次配合金兵攻打宋军。岳飞对刘豫卖国求荣的行为非常愤恨，总想寻找机会铲除这个祸根。

当时，金国内部对刘豫的看法也不一致。元帅金兀术（wù zhú）瞧不起刘豫，但粘罕跟刘豫的关系非常密切，令金兀术大为恼火。岳飞得到这个情报后，一条反间计在脑海中形成了。

一天，宋军抓到一名金国奸细，把他押到岳飞的大帐里。岳飞明知道对方的身份，故意装醉骂道："你不是张斌吗？

前些天我派你给刘豫送信，你怎么一去不回啦？我只好再派人去送信。刘豫已经答应了要把金兀术引出来，跟我两面夹击，好借此消灭金兀术。这么简单的事，为什么你办不到？你是不是怕死躲起来了？"

那个奸细害怕岳飞杀死自己，就将错就错，承认自己就是张斌，并连连磕头求饶。岳飞就说："饶你也行。你再去给刘豫送封信，如果还办不好，杀你个二罪归一！"说完，岳飞写了一封信，用蜡丸封好，交给那个奸细，还反复叮嘱道，"这次你一定要把信送到刘豫手里，千万不能再出差错了！"

那个奸细喜出望外，急忙跑回金军大营，把蜡丸交给了金兀术。金兀术看完信，又惊又怒，把这件事向金国皇帝做了汇报。不久，刘豫就被金国废掉了。

少年侠客
——施耐庵

中国人

小说家

出生地：江苏兴化（今江苏省泰州市）

生活年代：1296年—1372年（元末明初）

主要成就：搜集整理梁山泊宋江等英雄人物的故事，写成了四大名著之一——《水浒传》

优点提炼：扶危济困，不畏强暴

我家住在美丽的太湖湖畔，爸爸以划船摆渡维持一家人的生活。我每天送爸爸去湖边上船，只是为了经过学堂的时候，能多停留一会儿，听一听学堂里传出来的琅琅读书声。爸爸见我太想读书了，就借钱让我上了学。我读书很用功，学习成绩也很好。

后来，我们全家搬到苏州，爸爸又把我送到浒墅关继续读书。苏州是个文化古城，城里有很多书场。说书的艺人们经常说一些历史上英雄豪杰的故事，绘声绘色，生动极了。我经常去书场，和小贩、市民们坐在一起听艺人们说书。我最喜欢听的是梁山泊英雄的故事，像什么李逵、燕青、武松、杨志的故事。我对故事里那些行侠仗义、打抱不平的英雄好汉特别崇敬，总想着自己也能成为他们那样的大英雄。所以，我一有空就和小伙伴们凑在一起，舞刀弄棒，练习武艺。

有一天，我到后院向老师请教一个问题。可还没走到后院门口，我就听见里面传出了"呼呼"的风声。我很好奇，上前推门，门从里面插着。我从门缝往院子里望去，原来老师正在练功。只见他手舞一条竹节钢鞭，上下左右，前遮后躲。我开始还能看清一招一式，到后来他越练越快，我就只见鞭影不见人影了。

我看呆了，禁不住大声喊道："好！"

老师听到喊声，收住招式，大声喝道："谁在外面？"

说着，他几步冲到门边，拉开了门闩。我乖乖地站在门口，一动也不敢动。老师一见是我，语气缓和了些，问道："你不在前院读书，到后院来做什么？"

我早把要向老师请教的问题忘到九霄云外了，一心只想着求老师教自己武艺。听老师一问，我"扑通"一声跪下，虔诚地说："老师，求求您，教我练武吧。"

老师一句话不说，盯着我看了很长时间，才说："你说说看，为什么想练武？"

"练成武艺之后，我要像梁山泊的英雄好汉一样，扶危济困，除暴安良。"我坚定地说。

老师一听，哈哈大声起来："好孩子，有志气！你这个徒弟我收了。"接着，老师话锋一转，严厉地说，"不过，如果我以后发现你走了歪路，用我教的武功去祸害百姓，就亲手废了你。"

我又给老师磕了一个头，发誓说："请老师放心，我不会让您失望的。"

老师收下了我这个徒弟。从那以后，我跟着老师既学文，又学武，不仅能写一手好文章，还练成了一身好武艺。

这天，我放学回家，在湖边看见一个衣着破烂的老汉将一条绳子搭在树上，绾了一个套，正把脑袋往绳套里钻。不好，有人要上吊！我赶紧跑过去，救下了那个老汉。

我问："老伯，究竟发生了什么事，非要寻短见不可？"

老汉长长地叹了一口气，说："孩子，你别问啦，赶快走吧。那些人，你惹不起啊！"

我一听，猜想这个老汉肯定是受坏人欺负了，不由得激起了侠义之心，说："老伯，你只管说，有什么事我替你做主。"

老汉一五一十地诉说起来。原来，老汉借了村里富户一斗米，后

来去还米的时候,富户却说米不要了,让他拿家里仅有的二亩地抵债。老汉和他评理,反被毒打了一顿。实在走投无路,老人家打算一死了之。

我气愤地说:"简直岂有此理!老伯,你不要寻死。我给你写张状纸,你去衙门告他。"

我写完状纸,交给老汉。老汉拿着状纸到衙门告状,最后打赢了这场官司。

那个富户打听到是我替老汉写的状纸,恨得牙根直痒痒,总想找机会报复我。一天,我走在上学的路上,富户的儿子领着一帮打手把我截住了。富户的儿子恶狠狠地说:"你是哪里冒出来的小毛孩子,竟敢管老子家的闲事。是不是不想活啦?"

我毫不畏惧地说:"路不平有人踩,事不平有人管。这件事,小爷我管定了!"

这家伙一看我没有被吓倒,一挥手,打手们一拥而上,把我团团围住。只见一个壮汉抡动木棍,向我拦腰扫来。我身子往旁边一闪,躲过棍子,接着抢步上前冲到壮汉跟前,左手抓住木棍,右手冲他当胸一拳,一招"黑虎掏心"把壮汉打出一丈开外,跌倒在地。我顺手把木棍夺在手里,使了一招"秋风扫落叶",向其他打手的双腿扫去。只听一阵"哎哟哎哟"的惨叫,又有好几个打手被打得躺在了地上。富户的儿子一看大势不好,吓得带头抱头鼠窜。其他打手也跟着爬起来,搀着受伤的同伙灰溜溜地逃跑了。

经过这次较量,那个富户再也没敢来找我的麻烦。

延伸阅读

"时迁盗甲"是怎么写出来的

据说施耐庵在写"时迁盗甲"这段故事时,修改了好多次,还是不满意。

有一天，他正坐在窗下苦思冥想，两眼盯着窗外的芦花老母鸡出神。忽然，有个身影从他家门前一闪而过，老母鸡就不见了。施耐庵跑出门外查看，原来是东庄的李大偷走了他家的老母鸡。

施耐庵找到李大，问他为什么偷鸡。李大说："不瞒先生说，我家里有个九十岁的老娘，是个瞎子，已经三天没吃饭了。我不得已才做了这种下贱事，真对不起先生。"

施耐庵灵机一动，对李大说："我把二两银子用红布包了，放在房间里的大梁上。如果今晚你能偷到，偷鸡的事恕你无罪，银子也送给你，拿回家奉养老母。不过，今后可别再干这种事了。"

李大虽然听得有些摸不着头脑，但还是答应了。原来，施耐庵是想用二两银子来买个见识。晚上睡觉前，施耐庵仔细将房门和窗户关得严严实实，才将包了银子的红布包悬在了梁上。到了半夜，施耐庵听见几声老鼠叫，随后就看见李大身手矫捷，像只跳蚤似的蹿上屋梁，顺利偷走了银子。

第二天，施耐庵就把有关时迁的书稿全部撕掉，重新写了一遍。于是，一个活灵活现的"鼓上蚤"就跃然纸上了。

精通九国语言的学习狂人——辜鸿铭

中国人

学者、翻译家

出生地：马来西亚槟榔屿（今马来西亚槟城）

生活年代：1857年—1928年（清末至中华民国）

主要成就：翻译国学经典，向西方宣传中国文化和精神

优点提炼：意志坚定，心系祖国

  我叫辜鸿铭，是一个黑头发、黄皮肤的中国人。但是，我的祖辈由中国福建迁居到了南洋（现在的马来半岛），我是在南洋出生的。

  当时的南洋聚集着各国商人，因此我从小就能接触到不同国家和地区的语言。我的父亲会讲流利的闽南话、英语和马来语，我的母亲则会

讲英语和葡萄牙语。在这种家庭环境下，我自幼就对语言有着出奇的理解力和记忆力。

橡胶园主布朗先生非常喜欢我。他自己没有孩子，就将我认为义子精心培养，教我阅读莎士比亚、培根等人的作品。

义父虽然是一个英国人，但是对西方列强侵略中国的行为持谴责态度。他对我说："你可知道，那些恶狠狠的侵略者已经挥起了屠刀，你的祖国就像砧板上的鱼肉一样任人宰割。我希望你努力学习成才，担起富国强民的责任。"

我十岁那年，义父一家准备返回英国。我决定跟他们一起过去，想见识一下当时最强大的西方帝国。我也很想知道，为什么他们的发展走到了中国的前面，为什么他们要来入侵中国。义父很赞赏我的决定。临行前，父亲命我在祖先牌位前焚香祷告，并告诫我说："不论你走到哪里，不论你身边是英国人、德国人还是法国人，都不要忘了，你是中国人！"

我将父亲的话牢牢地记在心里，也将自己的祖国深深地刻在脑海中。我发誓，有朝一日我定会辉煌归来，用自己的力量来报效祖国。

我跟随义父来到苏格兰，被送到当地一所著名的中学，接受严格的英国文学训练。课余时间，义父就亲自教我学习德文。

我那时候特别崇拜义父，觉得他是世界上最有文化修养的人。我记得，他教我读的第一本书是《浮士德》。他说："《浮士德》是著名作家歌德的名作。在西方人眼里，歌德是文圣，读懂了他的作品，才能真正学好德文。"

义父的话让我对这本书非常期待。不过他的教法很奇特，既不教我语法，也不教我单词，更不是去解释书的内容，而只是一字一句地教我朗诵。这有些像中国古时候私塾老师的做法，在西方国家是很少有人这么做的。

我问他《浮士德》里讲的到底是什么。他却不肯告诉我，而是说："我只求你读得熟，并不求你听得懂。听懂了再去背诵，心就乱了，反倒背不熟了。等你把《浮士德》倒背如流的时候，我再讲给你听吧！"

我半懂不懂地点点头。好在义父授课并不呆板，他总是一边朗诵一边表演，还要我模仿他的动作。我们在教学过程中说说笑笑，轻松有趣，我也就乐在其中了。

这样过了半年多的工夫，我稀里糊涂地把《浮士德》大致背了下来。这时，义父才开始给我讲解这本书里的内容。他讲得绘声绘色，我听得如痴如醉。因为有了之前的背诵作为基础，我已经把每一个细节都记在心里了。义父稍加点拨之后，我就可以联系前后内容来进行分析，于是领悟到的东西也就更深刻。这时，我才体会到义父这种教学方法的奇妙之处。

学完《浮士德》之后，我又开始学莎士比亚的戏剧，用的还是义父的"背诵法"。最初，义父计划让我半个月背诵一部戏剧，没想到经过前面的锻炼，我的背诵速度飞快。几个月之后，他见我学有余力，便将计划改为半个月学习三部。就这样,大约只用了一年的时间,我就把莎士比亚的三十七部戏剧都记熟了。

我对学习的狂热让义父感到吃惊。他相信我是发自内心地渴望学习,不需要他的监督了。于是,他不再给我安排进度,而是给我几本散文书籍,让我自学,嘱咐我遇到不懂的词句再去请教别人。这让我欣喜若狂,就像一匹脱缰的野马一样,在知识的草原上尽情驰骋。

但是好景不长,才过了三天,我就在看书时委屈地哭了起来。

义父吃惊地问:"你怎么了?"

我回答说:"我感觉自己的记忆力没有以前好了,背散文没有背诗歌的进度快。"

义父又问："你每天背几页？"

"三页。"

义父开怀大笑，给我解释说："你每天读得太多了，其实背诵半页就足够了。学习散文应该注重熟练，而不是盲目追求速度。如果学得不扎实，还不如不学呢！"

我按义父的点拨，调整了学习方法，果然又找到了学习的乐趣，因此更是每天沉浸在读书的快乐中不可自拔。

义父见我学习已有小成，就允许我翻阅他家里的藏书。我如获至宝，每日扑在书堆里尽情阅读。我看得很快，有些书也并没有打算背诵，但积习难改，不经意间就"过目成诵"了。

就这样，我通过海量的阅读和背诵，用四年的时间学习了西方的文学、历史、哲学和社会学。到我十五岁的时候，已经是爱丁堡大学的一名大学生了。我在那里主修英国文学，兼修拉丁文和希腊文。有了这些积累，我又开始学习法国、俄罗斯、意大利等国的语言和文学。到后来，我已经熟练掌握了九种语言，并且获得了十三个博士学位。

我一直没有忘记义父和父亲对我的教诲。学成之后，我就回到了祖国。我要像义父说的那样，做一个学贯中西的学者，让西方人更加了解中国，尊重中国。

延伸阅读

花钱找骂

辜鸿铭是著名的国学大师。他虽然在英国学习多年，但是他心中最热爱的仍是中国。在他的心中，始终牢记着一个信念："我是中国人。"

在爱丁堡的公车上，他曾倒读英文报纸，并嘲笑英国人："英文太简单了，不倒读简直没有意思。"无论走到哪里，他都会向大家宣扬中国的文化和精神。无论是平时言谈，还是在课堂上授课，甚至在登台演讲的时候，他都是挥洒自如、出口成章，旁征博引，令人叹服。或幽默诙谐，或嬉笑怒骂，其学识之渊博、阅历之广泛，见解之独到，论点之尖锐，无不令人瞠目，进而拍手叫绝。辜鸿铭每次做演讲，总会引经据典，结合真实事例，用英语、德语，甚至是拉丁语对外国人进行批判和痛斥。可奇怪的是，外国人对此却是趋之若鹜，各国大使和文化界人物也都争相前来聆听。辜鸿铭也不客气，对每一位前来听演讲的人都要收取门票，而且票价极高，甚至比梅兰芳唱京戏的票价还要贵。

这些外国人花钱听了辜鸿铭的痛骂，却毫不在意。他们不仅不愤怒，反而觉得他骂得很有道理。这正是因为辜鸿铭的学识水平非常深厚，看问题、谈事情总能一针见血，因此很多西方人崇拜他几乎到了痴迷的地步。

我的演讲一个字：贵！

漂洋过海学技术
——詹天佑

中国人

铁路工程师

出生地：广东省广州府南海县（今广东省广州市）

生活年代：1861年—1919年

主要成就：主持修建了中国自主设计并建造的第一条铁路——京张铁路

优点提炼：刻苦学习，立志报效祖国

  我是一个腼腆的孩子，从小就不爱说话。但是我性格刚毅，聪敏好学，深得长辈的喜欢，特别是父亲的好友谭先生。谭先生是个商人，他没有儿子，只有几个女儿，所以非常喜欢我，把我当自己的孩子一样看待。谭先生平时常教我一些珠算常识和数学题，我算得既快又准，却从不骄傲。他认为这是一种难得的品质，相信我将来一定会有出息。除了教我学习，谭先生经常从香港带回西方的画报杂志，让我阅读。

那时候，正值列强侵华，中国面临着被蚕食的危险。清政府中的开明人士希望派一些幼童出国留学，去学习西方先进的科学技术，学成再回来建设祖国。

谭先生听到这个消息，认为机会难得，极力劝说我父亲："朝廷要选一些聪明的孩子去花旗国（就是指美国）留洋。这是很好的机会。你们一定要送天佑前去考试。"

父母却疑虑重重。他们虽然很想让我读书求学，但家里实在拿不出多余的钱，把我送到花旗国留洋这样重大的事，他们更是想都没想过。

"在中国不是挺好吗？为什么要去那个海外蛮夷之国呢？"母亲十分舍不得，一想到我要漂洋过海，一去十几年，禁不住泪流满面。

"那不是海外蛮夷之国，是一个有先进技术的国家。中国现在已经远远落后于世界了，如果再不向外国学习，就要亡国了。再说，天佑现在出国留洋，以后回来就是洋翰林，一定会受到朝廷的重用。"谭先生苦口婆心地劝说我的父母，可他们还是不同意。

眼看着报名截止的日期就要到了，谭先生十分焦急。最后他不得不用了个"狠招"，对我父母说："我决定把四女儿许配给天佑，我相信他将来一定会有出息。出国留洋是正确的主张，我不会让我的女婿吃亏的！"

父亲听了这席话，终于下定决心，让我留洋读书。第二天，小小年纪的我就和谭先生的四女儿订了婚，然后赶去香港。

我们到达香港那天，已经是报名的最后一天。办事人员本来计划招五六名幼童，当时已经确定了五名，正打算要离开时，我刚好赶到了。办事人员见我面容方正，神采飞扬，十分喜欢，问我："你报名留学西洋，是为了什么？"

"我家住南海，看见大海上行驶的洋船比中国的船快多了。我听父亲说，这种洋船上都装有蒸汽发动机。我到花旗国留学，一定要学机器制造，长大了为祖国建造快速无比的大船。"我毫不犹豫地回答。

"嗯，有志气，果然是英雄出少年！"办事人员竖起大拇指称赞，又问，"'四书''五经'中你最爱读哪一家？"

我说："我最爱读《孟子》。他的文章磅礴大气，慷慨激昂，易读易懂。"

"你背诵一段，我来听听。"

我思索片刻，朗朗出口："故天将降大任于斯人也，必先苦其心志，劳其筋骨，饿其体肤，空乏其身，行拂乱其所为，所以动心忍性，曾益其所不能。"这段话是说，做大事者必先经历磨难，才能成功。办事人员见我胸有大志，十分高兴，当即录用了我。

1872年8月，我和其他留学的幼童一起乘船离开上海，前往美国。经过四十天海上航行，我们抵达了旧金山，然后沿着横贯美国中部的大铁路搭乘火车,前往留学的目的地——康涅狄格州。

这是我第一次坐火车,感到十分新奇,心想:这么长的铁罐子,怎么能跑得这么快?又喷火又冒烟的,威势惊人,不知道什么时候中国才会有这种机器啊?

我思索良久,也没有答案,于是暗下决心,一定要学会这门技术。

初到美国,我被安置到当地一位居民家里,并就读于附近的一所私立学校,一边学习语言,一边融入美国社会。

此时的美国,科技发展迅速,相继发明了电报、电话、留声机和内燃机等。在科技的带动下,经济也高速发展。有次同学聚会,一个

留学生用悲观的语调说："美国发展如此迅速。再看看中国，还处于蒙昧社会。这样下去，差距会越来越大。"

紧接着有人附和："没错，中国的工业还没有起步，甚至连内燃机是什么都不知道。"

其他人也都纷纷表示羡慕美国，对中国的发展不抱什么希望。我在旁边静静地听了半天，忍不住反驳他们："今后，中国也会有火车、轮船。中国会快速发展，追上美国，然后超越！"

我的话引来大家的哄笑。一个留学生反驳我："凭什么，就凭那腐败的清政府吗？"

我顿时热血上涌，大声道："就凭我，我一定要学会美国的先进技术，回去传授。"

"不要自大。凭你一个人，能让中国发展起来吗？"又有人用冷冷的语调质疑。

我十分生气，说："中国有千千万万的人。他们一旦觉醒，将是不可阻挡的。"

大家不再说话，我也意识到和他们无话可谈，便转身离开。

十二岁的时候，我考入美国西海文小学，与美国学生一起上课。但我很快意识到自己的英文底子太差，跟不上课堂进度。我不甘示弱，像幼时背书一样每天背诵英语单词，主动与当地学生聊天儿，锻炼会话能力，很快就追上了课堂进度。

几年后,我成功考入了耶鲁大学,攻读土木工程专业,专习铁路工程。学成归国之后,我果真像在那次聚会上说的一样,将自己的全部心血都用在建设祖国这项伟大事业上。

延伸阅读

建大桥崭露头角

　　詹天佑刚回国时,才能并没有得到人们的认可,甚至很长一段时间,他没有从事与铁路相关的工作。1888年,他进入中国铁路公司,担任工程师。他上任不久,正赶上建造一座横跨滦河的铁路桥。铁路桥一开始由英国工程师担任设计,但是因为河床泥沙很深,水流湍急,英国人束手无策,想不出解决方法。后来请日本工程师勘测,日本人也不敢接手。最后请德国工程师出马,也败下阵来。

　　詹天佑见三个国家的工程师都无能为力,于是提出由中国人自己来设计。负责工程的英国人也没有其他办法,只好同意试一试。詹天佑分析了外国工程师失败的原因,与工人一起进行实地调查，仔细研究滦河河床的地质构造，确定了桥墩的施工位置，并决定采用新方法——"压气沉箱法"，来进行桥墩的施工，最后大获成功。经过这件事后，詹天佑声名远扬，成了公认的铁路建设专家。

苦乐参半的少年生涯
——鲁迅

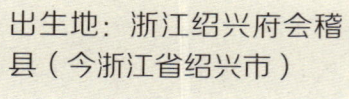

- 出生地：浙江绍兴府会稽县（今浙江省绍兴市）
- 生活年代：1881年—1936年
- 主要成就：中国白话文和近代文学奠基人，新文化运动领导者之一
- 优点提炼：坚强耿直，不畏权贵

中国人

文学家、思想家、革命家

　　大家都知道我叫鲁迅，其实鲁迅是我的笔名，我原来的名字叫周树人。我的祖父是清朝的官员，脾气暴躁，喜欢打骂孩子。但在教我读书这件事上，却相当开明。那时一般的孩子开蒙都是读"四书""五经"，十分枯燥，让人难以提起兴趣。我祖父却不同，他让我先读历史，

然后是《诗经》，再然后是《西游记》，都是些小孩子比较喜欢的书。

我稍微大点儿开始学习唐诗，也是从白居易开始，都是些浅显易懂的诗文。第一首诗学的就是"离离原上草，一岁一枯荣。野火烧不尽，春风吹又生"。接着又让我学李白和杜甫的诗，也是从易到难，这让我觉得学习是一件非常好玩儿的事情。

后来祖父不幸遭受牢狱之灾，家里还损失了很多钱财，我们家也逐渐衰落。但我的学业却没有丢下。十二岁时，我进了绍兴有名的三味书屋学习，老师是远近闻名的寿镜吾先生。他是一个高而瘦的老人，须发花白，戴着眼镜。

寿先生为人刚正，学问渊博，对学生也很严格，规定学生每个月底都要背诵这个月内学到的文章，背不出来就要接受惩罚。

为了完成任务，大家都是拼了命地死记硬背。我却跟他们不同，总是深思熟读，先理解再背诵。我还制作了一张精美的小书签，上面写着"读书三到，心到、眼到、口到"。因此，我读过的书不仅能背诵，而且都能默写，还能换一种说法转述给别人听。

白天我们读书、习字，晚上则要学习对课（也就是对对子）。寿先生出的题目经常稀奇古怪的，难住不少同学。我记得他有一次出的题目是"独角兽"这三个字。大家抓耳挠腮，有的对"二头蛇""三脚猫"，有的对"八脚虫"和"九头鸟"，甚至还有个同学对了个"四眼狗"，引得大家哄堂大笑。

寿先生推了推眼镜，面色一沉，凶巴巴地说："独角兽是麒麟，是神兽。四眼狗是什么？是骂人的话，怎么可以作对？你们真是胡闹！"

轮到我作答时，我对出了一个"比目鱼"。寿先生十分高兴，对同学们说："'独'不是数字，但有单的意思，'比'也不是数字，但有双的意思。两相对和，天衣无缝，可见是用心对出来的。"

又有一次，寿先生出了个五字题目："陷兽于阱中"。同学们苦思冥想，却没有好答案。我根据《尚书》里"放牛于桃林之野"，对了个"放牛归林野"，又得到了寿先生的夸奖。

后来，寿先生对我特别注意起来，因为我每次对课反应敏捷，契合题意。不过寿先生是一个要求严厉的人。他根据我们学识的长进，不断增加对课的难度，从三个字到五个字，再到七个字，让我们时刻感觉到压力。

闲暇的时候，我喜欢用一张薄纸蒙在小说的绣像上面，把图画一个个描下来。我得到的第一套图画书是《山海经》，上面有人面兽、三脚鸟、长着翅膀的人、没有头而以双乳当作眼睛的怪物……总之千奇百怪，让我惊叹不已。

《山海经》这套书是我的保姆长妈妈送给我的。我一直惦记了很久，想要收集这套书，又怕先生骂我不务正业，因此不敢跟别人说。没想到长妈妈帮我实现了这个愿望，我真是欣喜若狂，把她当作"神仙"来膜拜。

后来，我又搜集了很多其他的图画书，照着上面的样子一张张描下来，没几天就画满了厚厚一本。随着时间推移，我读过的书越来越多，描的画也越来越多。学习上进步不大，画画的水平倒是长进了不少。那些画积累起来，足可以装订成册了。

我十三四岁的时候，父亲得了重病。我只得每天奔波于当铺、诊所和学堂之间，再没有心思画画了。

为了给父亲治病，我们家请过不少医生。刚开始请的是绍兴最有名的中医，诊金很贵，用药也十分奇怪，药引更是难得。比如芦根，需要到河边去挖掘；经霜三年的甘蔗，有时候方圆几里都打听不到。为了给父亲治病，我很认真地去做这些事。但是，即便我付出了很大的努力，父亲的病却一直没有好起来。

后来，这名中医便诚恳地对我说："我所有的学问都用尽了。不过还有一位姓陈的先生，本领比我高。只要经过他的手，你父亲的病一定会好得更快。"

我知道这是他的托词，恐怕父亲的病是不会好了。父亲自己也说："我的病恐怕是没有希望了。医生治了两年，毫无效果，又都是熟人，未免有些难为情，所以推荐别人过来，免得最后自己难堪。"

话虽这样说，不到最后一刻还是不能放弃。我怀着最后一丝希望去请了陈先生。他的诊金更加昂贵，开的药也更加奇特，要用"蟋蟀一对"，还注明"要原配，即在同一个窝里的"。这还不算什么，更离奇的就是"平地木十株"。谁也不知道这是什么，我问药店，问乡下人，问采药的，都摇头不知。最后还是一个远房的叔祖告诉了我，这是生在山下的一种结红籽的小树。

然而，吃了这么多奇特的中药，父亲的病终归还是没有治好。在一个寒冷的早晨，他撒手而去，留下了一个破败不堪的家。

父亲生病的这段时间，我从一个懵懂无知的孩子变成了一个勇敢的少年。生活虽然很残酷，但我仍然要感谢它，是它让我变得更坚强。

延伸阅读

捐款风波

有一次，厦门大学的教授们聚会，校长对某位富豪的捐赠行为极力称赞，夸大其词地说他是中国唯一的伟人。鲁迅先生也参加了这次聚会。他听到这句话之后十分愤慨，大声地说："中国有两个伟人，另一个就是我！因为我也捐赠了。这是我出的钱，接住！"

宴席上顿时一阵骚动，因为鲁迅给的钱是微不足道的小数目，校长不愿意接受。鲁迅先生用嘲弄的语气说："某先生是百万富翁，他出的一笔捐款，不过是他财产中很小的一部分。我是个穷人，每个月的薪水很低，现在尽我所能，也按他的比例拿出了这笔钱作为捐赠，意义应该是相同的。你为什么要歧视我？"

校长被弄得哭笑不得，最终还是没有接钱。不久，鲁迅就从厦门大学辞职了。

这是我出的钱！

父亲的开明家教——梁漱溟

出生地：北京

生活年代：1893年—1988年

主要成就：致力于研究儒家学说和中国传统文化，主要著作有《东西文化及其哲学》《乡村建设理论》《中国文化要义》《人心与人生》等

优点提炼：执着于个人操守，做事有主见

思想家、哲学家、教育家、社会活动家、爱国民主人士、著名学者、国学大师

中国人

　　我出生于清末皇城根下的一个贵族家庭。爸爸给我取名为梁焕鼎，字寿铭。走上文学道路后，我认为古人"枕石漱流"的隐居生活很有意思，在沧溟之境里放逐自己，显得空灵而又有气派，于是就改名为"梁漱溟"。

　　我的祖父和父亲都曾在官场上摸爬滚打，只是时代走到了清末，

政局变得混乱，我们家族也在摇摇欲坠的大环境中日趋式微。父亲不愿跟着时势一起沉沦，好学精思的他潜心研究起传统的儒家学说。但在教育我们小孩子方面，他从不恪守固有传统，而是有自己一套独特的方法。

我六岁就进了私塾读书。其他小孩儿每天都摇头晃脑背诵"四书""五经"，父亲却拿来《地球韵言》之类的启蒙读物，要私塾老师教我有关世界历史和世界地理的知识。现在我还牢牢记得《地球韵言》里的内容："大地椭圆，旋转如球，东半西半，分五大洲……"这可以算得上是中国最早的世界地理课本呢。

父亲喜欢读报，我也很小就养成了这个好习惯。当时的《申报》《新闻报》《时报》都是我每天不可少的读物。这些读报的经历让我比其他小伙伴具有更开阔的视野和世界观，父亲的良苦用心让我赢在了起跑线上。

印象中，我和父亲一直是亦师亦友的关系。他是京剧票友，一有空闲就会眉飞色舞地给我们一帮小孩儿讲戏里的故事，我们每次也都听得津津有味。他上街买东西的时候也会带着我们。如果我们想要买什么东西，就可以自己挑。他还鼓励我们跟店主讨价还价，这样的事情非常好玩儿。我和兄弟姐妹们也在这些日常小事中学会了理财，懂得了赚钱的不易。

我从小娇弱多病，自然更多地享有父爱。他总是和颜悦色，对我从不打骂，还给予我无微不至的温暖和照料。在他面前，我可以充分自由地表达自己的意见。他总是耐心地倾听，即使我因年少莽撞出了错，他也是启发性地引导我自我化解，自省自悟。

记得九岁那年，我发现自己积攒下来的一小串铜钱不见了，于是在家里东翻西找，逢人就问："你们看到我的钱串儿了吗？"但是兄弟姐妹们都说没看到。我又伤心又懊恼，狐疑地猜测："明明放在家里没有带出门，怎么会不见了呢？肯定是谁故意拿走，捉弄我呢！"

于是我借这个由头在家里"大闹天宫"，心想将事情闹大了，那个拿走我铜钱的人一定会心慌，总会把钱还给我吧！可是结果大大出乎我的意料，无论我怎么闹，还是不见铜钱的踪影。父亲看到我这个样子，既不安慰我，也不帮我找，这让我感到非常沮丧。

第二天中午，我到书房去找父亲，没有看到他的人影，却看到了书桌上摊开的一张大纸，上面写满了字。大概意思是说，一个小孩儿在桃树下玩耍，无意中将一小串铜钱挂在树枝上忘记拿走了。等他发现铜钱不见了之后四处向人打听，还无理吵闹。第二天，小孩儿的父亲打扫庭院的时候，发现了悬挂在树枝上的铜钱。

看了故事后，我知道故事中的小孩儿便是指我，于是赶快跑到庭院去一探究竟。果真见铜钱还在，我不禁脸上一阵发热，羞愧难当。原来父亲早起清扫庭院的时候，风吹动着桃树枝传来铜钱叮当的响声，让他发现了铜钱。他不直接批评我，而是用这样巧妙的讲故事方式让

我自己知错。

　　父亲从不强迫我接受他的意见或者主张，而是用民主和宽容让小小的我渐渐学会分辨事理，形成自己的判断。通过一次次这样的磨炼，我学会了专心致志和修善自身，形成了寻求独创和坚持己见的习惯。

　　由于父亲超前的教育方式，我的思想也有些超前。在当时身边的小伙伴看来，我似乎显得有些自负与狂傲。其实我只是本着自己内心的想法率性而为罢了。我想，这应该归功于父亲潜移默化、如沐春风的开明家教吧！

> 延伸阅读

生活习惯大揭秘

梁漱溟被称为"中国最后一位大儒",是中国了不起的一代国学宗师。他曾将"为往圣继绝学,为万世开太平"(意思是继承以往先圣人的绝学,为黎民百姓谋取太平)作为自己一生的使命。他所取得的成就让人瞠目,那么其生活习惯又是怎样的呢?

据考证,梁漱溟从二十多岁起就养成了吃素的习惯,并坚持素食七十余年。平时用餐,荤腥一律不沾。这并未影响他的健康,他也未曾出现过营养不良的问题。三十岁以后,他的身体愈发结实,体力和精力反为朋友们所不及。

梁漱溟和毛主席关系甚好。建国初期在一次公宴上,毛主席走到他的座席前,见他只吃素食,又不饮酒,笑着评价他清心寡欲,定能长寿。后来,梁漱溟果然活到了九十五岁才离开人世。

吃素、养生、长寿!

敢作敢为的"骡子客"
——贺龙

- 出生地：湖南省桑植县
- 生活年代：1896年—1969年
- 主要成就：中国人民解放军的创建者和主要领导者之一；中华人民共和国元帅之一；新中国体育事业的奠基人
- 优点提炼：心怀善意，乐于助人

无产阶级革命家、军事家

中国人

天下所有的父母都有"望子成龙"之心。我的父母也不例外，他们给我取名叫"贺龙"。但家里人一般都直呼我的小名"常常"或"常伢子"。

我出生于湖南桑植县的一个普通小乡村。自幼家境贫寒，父母都是面朝黄土背朝天的农民。听说我的祖辈曾是当地的名门望族，只是后来家道中落了。除了忙农活儿，父亲还经常去外面揽些裁缝的活儿。母亲体弱多病，我作为长子，自然要挑起家中的重担，因此只上了几年私塾就辍学了。"文武总得占一头"。于是闲暇时我就跟着祖父练武。这不，年纪轻轻的我长得人高马大、身强体壮，有着一副好身板儿，干起活儿来也是劲头十足。

湘西这个地方一直以民风彪悍著称，这也使我养成了豪爽刚烈的性格。在家中，我常常帮父母拿主意，为他们分忧。姊妹们也很听我的话，大家都很信服我，说我有胆识，有魄力。

我没读过多少书，评书倒是听了不少。大街上只要出现敲锣声，我就知道是说书的人来了，就会马上凑过去听上很久。像什么"大禹治水""秦始皇统一天下""昭君出塞""草船借箭"的故事，我都听了很多遍。杨家将、岳飞、李自成等人物的英雄事迹我也听得如痴如醉，他们的侠肝义胆之情也牢牢地印在了我的心里。就是从那时候起，我的心里开始怀揣着一个英雄梦。

有一年我的家乡发生洪灾，庄稼歉收，地主却不断催着交租。眼看家里穷得都揭不开锅了，我就决定到外面去闯荡闯荡，好赚些钱回来。

做什么好呢？听说"骡子客"（指长年在外赶骡马、运货做生意的人，如驮棉花、贩盐巴、运茶叶、销药材等）的生意很赚钱，但也很辛苦，要长年在外奔波、风餐露宿，而且随时会有遇到土匪抢劫的危险。

我又害怕又向往。想了一夜后,最后还是决定从姐夫那里借了匹骡子,开始了骡子客的生涯。在骡队中,我年龄最小,可干活儿最卖力,骨子里有湖南人的"吃得苦、霸得蛮"的个性,因此大伙儿都很喜欢我,也经常照顾我。

有一次,我和同伴王大哥运完茶叶后,看天就要黑了,准备马上返回出发地红渔坪。因为附近常有土匪出没,夜里赶路非常危险。

回来的路上,我们看见大路边上躺着一位不断呻吟的老人,旁边还蹲着一个七八岁的小男孩。小男孩看到我们,就如同看到了救星,站起来大声叫着:"叔叔、哥哥!快来帮帮我们,我爷爷的腿摔伤了!"男孩长得黑黑瘦瘦的,一副营养不良的样子。我们停下脚步,将大爷扶了起来。只见他伤得不轻,大腿处又红又肿,旁边还有一块瘀青。

"大爷,你们家住哪里呀?"我关切地问。

"茅坪。"大爷有气无力地说。我们听到这个地名立刻眉头紧锁起来。天哪,茅坪离这里有三十多里路,远着呢!

王大哥说:"大爷,不是我们不想帮您,我们也是要急着回去交差。要不您随我们先回红渔坪疗伤吧,休息一个晚上,等腿好些了明天再回去。"

"是啊,这里前不着村、后不着店的,马上又要天黑了,路上也不安全。跟我们一起走吧!"我好心劝道。

"那太麻烦你们了!"大爷看看他的孙子,又固执地说,"可今天无论如何我们都要赶回去。我一大早就带着孙儿出门了，晚上没回去，家里人肯定急死了！"

王大哥看看天色，焦急地朝我递了个眼色，意思是让我别管闲事，我们自己赶路要紧。可是大爷不能跟我们一起走，这附近又常有土匪出没，总不能把他们爷孙俩丢在这人烟稀少的山路上吧！怎么办呢？

我思索了片刻，小声地对王大哥说："这样吧，王大哥，你先回去跟老板交差。我用骡子送他们俩回去，再连夜赶回来，保证不耽误明天的活儿。"

王大哥见我心意已决，就帮我把大爷和小男孩扶上骡子，嘱咐我几句之后转身离开了。

天色渐渐暗下来。骡子驮着大爷、小男孩和我吃力地在崎岖的山路上前行。已经是晚饭时间，可我们身上都没带干粮，只能任凭肚子"咕咕"叫。小男孩又累又困，夹在我们中间睡着了。大爷一路上不停地感慨："谢谢你呀，年轻人！今天要不是遇到你，说不定我们就被土匪抓走喽！"

听了大爷的话，我心里很难受。是呀，世道这般不太平，谁来解救处在水深火热中的老百姓呢？经过不停地赶路，我终于把他们爷孙俩送到了家。他们的家人果然正焦急地等着。这时已是深夜十点，我还得尽快赶回红渔坪去。

夜色漆黑，已经伸手不见五指；山中雾气弥漫，带着几分寒意。

四周静悄悄的，只能听到山风吹着树叶"飒飒"作响。我已经很困了，连着打了几个哈欠。骡子似乎也体力不支，速度越发慢下来了。我的心中增添了几分不安：这路越来越陡，越来越险，随时都有失足丧命的危险；附近还有可能碰到土匪！我必须打起十二分的精神才行！

怀着忐忑的心情，拖着疲惫的身躯，在深夜两点，我终于有惊无险地回到了骡队。伙伴们见我平安归来，这才放下心来。

虽然这事过去了很久，但是这次经历却让我格外难忘。是啊，像大爷这样有困难的人太多了，如果谁都不帮忙，后果将不堪设想。我觉得解人之危、帮人之难是大丈夫所为，是我义不容辞的责任。

延伸阅读

讲原则的贺龙

开国元帅贺龙是一个很讲原则的人。长征时期，他的小外甥向轩被分配到他的军营里。在很多人看来，贺龙应该会偏爱自己的亲人。可是这一路上，他们看到向轩并没少挨贺龙的批评。

有一天，部队行军来到了一个小镇上。由于走了很长的路，大家都又累又饿。当时部队正在执行一项严格的"打土豪，筹

> 规矩没学好，怎么当红军？

粮食"行动，规定所有收缴的粮食物资都必须上缴。当他们来到一个地主家的时候，向轩看到厨房里腌了一缸咸蛋，于是顺手拿了几个揣在兜里。贺龙知道这件事以后，严厉地批评了他，并一个不少地将向轩私拿的咸蛋全部交给了部队。

小小年纪的向轩感觉受了莫大的委屈，一个人跑去河边溜达。赶巧看见一匹温驯可爱的小马拴在河边，他顾不上询问主人允不允许，一个翻身跃上马背，欢快地骑了起来。正当他玩得高兴的时候，身后传来了严厉的呵斥声："这马是哪里来的？"

"河边牵的。"

话音未落，贺龙就吼道："小时候规矩没学好，长大了有什么资格当红军！"

因为这件事，贺龙差点儿开除了向轩。向轩听了舅舅的教导后，觉得羞愧难当，于是下定决心改正错误，做一个遵守纪律的好战士。

"偷"知识的人
——朱光潜

中国人

美学家、教育家、翻译家、文艺理论家

出生地：安徽省桐城市枞阳县

生活年代：1897年—1986年

主要成就：将西方美学和中国传统美学相结合

优点提炼：爱好广泛，做事认真

  我六岁开始读书，一直到十五岁进小学前，没有正式进过学堂，唯一的老师就是我的父亲。他是乡村塾师，精通八股文，虽然人有些迂腐，学问倒是不差。

  父亲和所有私塾先生一样，教书时先不讲解内容，而是让我反复背诵。我偶尔壮着胆子请教父亲，得到的通常都是训斥："书读百遍，其义自现。你先把书背熟，自然就明白其中的意思了。"

这还是比较温和的回答。若是遇见父亲心情不好，他就会用眼睛瞪着我，怒气冲冲地说："叫你背，你就背，哪来那么多问题！"

在父亲严厉的督导下，我只得乖乖地背诵课文。后来习惯了这种方式，竟然觉得也挺有意思的，慢慢地诵读那些优美的诗句，还能够像唱歌一样拉长腔调。这在儿童时期也算是一件有趣的事了。

随着我慢慢长大，时代也发生了变化。清政府没落了，学校也不再教八股文了。父亲受到朋友们的影响，教学方法也有了转变，开始让我写日记。

他告诉我写日记的格式："某一天，发生了某件事情，记下事情的经过和发展，然后做出点评。记好了，就拿给我看。"

我很高兴能够独立作文了，而且可以写自己亲身经历的事情，于是干劲十足地回答："没问题，保证每天完成任务。"

刚开始，我所写的都是生活琐事，加上自己的感想，东拼西凑也才只有几十个字。如果哪天什么事也没有发生，眼看快到熄灯上床的时间，我只得写一句"今日一切正常，无甚可记"。父亲居然也不生气，只是轻轻说一句："以后要认真观察学习，一定会有值得记的东西。"

这种温和的态度比之前的训斥更让人难受。我觉得自己辜负了父亲的信任，就加倍努力。没有事情可记时，我就点评一下看过的书籍，

或者品论历史上的某个人物。没想到我这样写还受到了父亲的赞赏哩！

除了学知识、写日记之外，我一有时间就会挑选自己喜欢的书看。不过家中可读的书不多，而且父亲不准我随便翻他的书箱。不过我自有办法，趁着父亲不在家，悄悄溜进他的书房，翻出《史记》《战国策》之类的"杂书"，随意翻上几页，觉得有趣极了，比枯燥的《左传》强多了。

有一次，父亲刚出门，我就翻出《史记》，津津有味地看《项羽本纪》。刚看了几行，门外忽然响起脚步声，原来是父亲去而复返了。

我吓得赶紧将书塞进书箱，来不及整理，就盖上盖子走出了门。

我刚到门外，就遇见了父亲。他见我面色慌张，问道："我才出门，你就在干什么坏事？"

我支支吾吾地说："没做什么坏事，只是天气太热了。"

父亲疑惑地看了我一眼，说："真的没什么事吗？看你满头大汗的！"

我摇了摇头，乖巧地说："没事，我回房看书去了。"

父亲不再追究，转身走进书房。我偷偷地在远处观看，生怕他打开书箱，看到那一片狼藉的景象，那样我的事情就败露了。幸好有命运女神的眷顾，父亲只是回来取一件遗忘的东西，并没发现有什么不对劲的等父亲再次出门，我藏在门后观察了半天，确信他已经走远，才又走进书房，重新开始阅读《项羽本纪》。就这样偷偷摸摸地看了几回，我竟然能把这篇长长的文章背下来了。

之后不久，我在书中结识了另外一个对我影响巨大的人物——他就是梁启超。我在堂兄那里读到他写的《饮冰室文集》，十分感动。他的文章感情真挚，酣畅淋漓，尤其是这句"少年富则国富，少年强则国强"，振聋发聩，让年少的我心潮澎湃，激动不已。

从那以后，我就成了梁启超的崇拜者。凡是他写的文章，我都一字不漏地阅读。他用实际行动告诉我，读书是为了明理，为了报效祖国。这为我后来的学习之路指明了方向。

延伸阅读

真假朱光潜

美学家朱光潜早年出版过《给青年的十二封信》，是当时非常流行的书籍之一。过了不久，他又写出一部亲切自然的小册子《谈美》。出版社出版时，在封面上附注着"给青年的第十三封信"，作为一个系列的延续，很受读者欢迎。

一个多月后，上海书摊上便出现了一本叫作《致青年》的盗版书，副标题为"给青年的十三封信"（只比朱光潜的书少一个"第"字），同时作者署名"朱光潸（shān）"。书名极

> 几乎与你同名同姓的朋友。

其相似，作者姓名也是以假乱真，怎么看都是一部山寨作品。

朱光潜知道了这件事，并没有生气，而是给这位"朱光浩"写了一封信。信中说要请对方原谅，因为对方山寨得太好，令他本人都以为这本书是自己写的了，差一点儿侵犯了对方的著作权，然后又说："光浩先生，我虽然不认识你，但是对你的音容相貌充满好奇。这样贸然给你写信，不知道算不算唐突。此时此刻，你就当我是你的一个忠实粉丝吧！"

在这封信里，朱光潜并没有责备这位盗版者不道德，只是老老实实地说出了自己写作的缘由，很诚恳，也很坦白。信的落款同样别致："几乎和你同姓同名的朋友"。这封信无法寄出，只好在《申报》上发表，引起了不小的波澜。

小戏迷眼中的世界
——闻一多

中国人

诗人、学者、爱国和民主主义者

出生地：湖北省黄冈市浠（xī）水县

生活年代：1899年—1946年

主要成就：中国现代伟大的爱国主义者，中国民主同盟早期领导人；主要作品有《红烛》《死水》《七子之歌》等

优点提炼：心怀正义，勤奋好读

　　我叫闻一多，出生于湖北蕲（qí）水县巴河镇（今属湖北省黄冈市浠水县）。那是一个山清水秀、风景如画的地方。连绵起伏的青山脚下，是方圆万亩的望天湖。每到夏天，碧绿如洗的荷叶中间点缀着一枝枝亭亭玉立的荷花，偶尔有飞鸟掠过或蜻蜓停留；微风过处，飘

着阵阵清香。

我是父亲的第四个孩子,父亲为我取名闻家骅,又名闻多。至于后来大家所熟知的"闻一多",说起来还颇有渊源。我小时候生活在一个四世同堂的大家族,我在堂兄弟中排行十一,为了方便称呼,弟妹们都叫我"一哥"。后来由于"闻多"这个名字和英文widow(寡妇)谐音,于是我就改名叫"闻一多"了。

我的父亲是清末的秀才,虽然未能高中进京,但他的学识修为很高,所以我家在当地也算是名门望族。父亲早年还参加过维新运动,较早接触到新思潮。他深怀爱国救国之心,但又不愿随俗浮沉,于是在政界待过一段时间后,便隐退家园,自己改良私塾,教书育人。

我五岁进入父亲开办的学校读书,最初接受的是比较传统的教育,学的不外乎是《三字经》《幼学琼林》这样的内容。但我父亲是一个追求进步的人,不愿意拘泥于传统私塾教育。他请来毕业于师范学堂的王梅甫老师,为学校增添了新的气息。王老师注重教育与时代接轨,让我们接触到许多贴近生活的新内容。国文、历史、博物、修身等新教材,让我眼界大开,兴趣爱好也随之增多。

在我众多的兴趣中,印象最深刻的就是看戏了。当时流行一个说法:"世上有,戏上有,少读儒书多看戏。"意思就是说,要增长见识,了解生活,看戏比读那些儒家经典更有用。

我觉得这话说得很对,戏曲比那些老掉牙的"四书""五经"有趣多了。因此,小小年纪的我,就成了个戏迷。舞台上演员一出场,我都要问是好人还是坏人。也许那时候在我的世界里,人只分为好人和坏人。每次看戏我可认真了,演员的一颦一笑,都会牵动我的悲喜。

经常陪我一同看戏的是家里的一个长工。他在我们家干了几十年活儿,全家人都很尊重他。我小时候得过一次"热病",险些丢了性命,也是他三番五次地跑去请医生、抓药,才终于从死神那儿把我救回来。

每次他要是外出,总会给我带一些好吃的和好玩儿的回来。因此我和他的感情特别好。但是有一次,他因为触犯了家规,被管家打骂不休。见到这情景,我便挺身而出,对管家说:"即使他犯了错误,你打人也是不对的。天下的事情不是要靠拳头和辱骂来解决的!"

管家听了我的话后，也觉得自己太过分了，于是停止了对长工的打骂。这场风波就这样平息了。我想，也许是因为我看多了扬善抑恶、为民除害的戏，所以才变得如此富有正义感。

除此之外，看戏还培养了我的另外一些兴趣爱好。

一次，我又和家里的长工一起去看戏，那次上演的是"武松打虎"的剧目。只见舞台上醉酒的武松武艺高强、英勇机智，老虎来势汹汹，毫不示弱。台下的锣鼓敲得越急，台上的演员演得越带劲儿。我深深地被精彩的表演吸引住了。回家后，我的脑海中还在闪现着舞台上的各种片段，于是我就在家里有模有样地画起老虎来。不想恰好被父亲看到了。

父亲饶有兴趣地问："儿子，你这是在画什么呢？"

"我在画老虎。"我指着那半人半虎的画回答。

"你怎么知道老虎长这样？"父亲追问。

"'武松打虎'里不是有老虎吗？我就是照着戏里的老虎画的！"

"戏中的老虎都是人扮的，真正的老虎可不长那样啊！让我来教你画真正的老虎吧！"

于是在父亲的指导下，我画出了第一只老虎。这也让我明白，原来戏里的东西也不全都是真的，得靠自己去分辨了才知道。

之后，我便开始画人物、花鸟和风景。真别说，我还比较有绘画天赋呢，看过画的人都称赞我画得生动传神。这个消息传开了之后，家里的婶婶姐姐们只要绣花什么的,便请我过去画花样。这些早年的兴趣丰富了我的生活,以至于后来我考上大学和留学美国后,也一度把美术当作自己的发展方向。

学习之余,我还对历史故事特别感兴趣,经常缠着父亲给我讲一些古代人物的故事。有一次,父亲给我讲了《汉书》中悬梁苦读的故事,我被书中人物认真钻研、勤奋苦读的精神感动了。于是在后来的学习过程中,我不断地督促自己,一定要专心,这样才能在前人的基础上更上一层楼。

通过努力,十三岁的我以湖北省第一名的成绩考入清华留美预备学校(清华大学的前身),在那里度过了十年学子生涯。可以说,那里成了我一生的精神家园。

延伸阅读

闻一多与《七子之歌》

《七子之歌》是闻一多1925年3月在美国纽约留学期间创作的一组诗篇。他以拟人的手法将七处"失地"——澳门、香港、台湾、威海卫、广州湾、九龙、旅大（旅顺—大连）比作远离母亲怀抱的七个孩子，用小孩子的口吻哭诉他们被迫离开母亲的怀抱，受尽异族欺凌，渴望重回母亲身边的强烈情感。

　　写作这组诗篇的时候，闻一多在美国已经生活了将近三年。他多次亲身体会到种族歧视的屈辱，平时所看到和听到的一切，都激发了他强烈的民族自尊心。加上三年背井离乡的经历，使他更对祖国和家乡产生了深深的眷恋，因此用饱含着深情的文字写下了这组《七子之歌》，借以表达自己的爱国思乡情怀。

树木都是往上长
——沈从文

现代著名作家、历史文物研究家

中国人

出生地：湖南省凤凰县

生活年代：1902年—1988年

主要成就：创作了《边城》《湘西》《从文自传》，两度被提名诺贝尔文学奖评选候选人；撰写了《中国丝绸图案》《唐宋铜镜》等专著，尤其是《中国古代服饰研究》填补了我国文化史上的一项空白

优点提炼：知错能改

  1902年12月28日这一天，我在湖南湘西凤凰县一个军人世家降生。我原名沈岳焕，儿时长辈常唤我乳名茂林，走上文学创作道路之后，才改名沈从文。

  我的祖辈和父辈一直都有一个将军梦，但是迫于时局混乱，时运不济，这个梦一直未能如愿。于是，长辈们就把这个希望牢牢地寄托在我的身上。

父亲经常意气风发地讲一些祖父英勇杀敌的故事给我听。比如祖父曾参加过曾国藩统率的湘军，因奋勇作战、战功卓著而被提拔，最高职务被任命为贵州提督。又或者，他将自己当年抗击八国联军、响应武昌起义这些光荣事迹一一道来。我常常听得津津有味。

虽然父亲很希望家里能出一位将军，他也时常称赞我天资聪慧，但是我从小就身体单薄，不是当军人的料。后来，父亲便把他的期望转到我弟弟的身上。而我呢，就像其他小孩子一样进私塾读书写字。

也许在大多数人的心中，我是一个热爱读书、认真学习的人，其实小时候的我并不是这样。那时我调皮捣蛋，又不听告诫，甚至一度成为让老师头疼的"问题少年"。

记得我刚读书那会儿，学校里实行的还是私塾教育。学生如果背不出课文，就会被私塾老师以罚站、打手心作为处罚。我仗着在家时耳濡目染，认识了一些字，加上记忆力不错，因此每次都可以把课文一口气背出来。我以为这样就可以逃过处罚，谁知先生却说："书你虽然会背了，但是上课的时候不专心，也该受罚！"

我心里愤愤不平地想：怎么可以这样？私塾真是一个很无趣的地方！哼，与其待在这个狭窄的囚笼里，不如到外面广阔的天地去玩。于是我经常想着法子开溜。

那时候，乡村里广阔的田野和流动的河水对我具有极大的吸引力。六月我顶着大太阳去禾苗地里抓蚱蜢，再用野地里拾来的柴火烤熟，那就是我当时最美的午餐啦！午后，我钻到清澈的河里尽情嬉戏，直到夕阳西下才恋恋不舍地回家。夏日的午后下着小雨，我和小伙伴们逃到废弃的碾坊下避雨，欣赏完模糊的雨帘之后，看看树枝上挂着反光的树叶，我头脑中便会想起许多事情。

多年以后，每当我回忆起童年这段美好时光，都会露出会心的微笑，并用饱含深情的笔调将它们写进我的小说中。但在那个时候，这只能算是一个顽童对大自然的美好向往吧。

后来，父母将我转学到文昌阁小学。在那里，我活泼好动的天性还是一如往常。有一次，我听说城里要表演当时很流行的木偶戏，并且是我最爱看的"孙悟空过火焰山"那段，一下子，我又想到了逃学。

记得那天，我没有去学校，而是偷偷地把书包藏在土地庙里，就乐滋滋地跑去看戏了。待戏散场时，学校也到了放学的时间。我跑回土地庙去取书包，却发现书包不见了。

我十分沮丧地回到家。精明的父亲马上发现了苗头，问清原委之后，他怒不可遏地将我打了一顿。

第二天，我硬着头皮，两手空空地去上学，刚走到教室外就遇见了班主任毛先生。我正想悄悄躲开，却被毛先生叫住了："你昨天跑到哪里去了？"

我知道隐瞒不下去了，只好壮着胆子回答："看戏去了。"

毛先生又问："你的书包呢？"

"我藏在土地庙里，不见了。"

毛先生一听到这话，气得不得了："你如此顽劣，竟然为了看戏，连书包都弄丢了。太不争气了！你今天就给我在这里好好跪着思过！"

毛先生说完拂袖而去。

我从来没见过毛先生发这么大脾气，也深知这次是捅了大娄子，便规规矩矩地跪下了。

事后，毛先生找到我，关心地问："上次罚跪，你恨不恨我呀？"

我委屈地说："当然恨啦！您要我当着那么多同学的面跪下，我

好丢脸的！"

　　毛先生慢慢开导我说："罚你是为了你好。学生的天职就是学习。书本对学生来说，就像刀枪对士兵一样重要。你丢了书包，就好比一个士兵在战场上弄丢了刀枪，还靠什么去打仗？"

　　我也认识到了事情的严重性，有些焦急地问："那现在怎么办？"

　　毛先生微笑不语，像变戏法一样把我的书包拿了出来，然后说："你去看戏的第二天，有人捡了这个，交到我们学校来了。"

　　啊，原来我的书包没有丢！我喜出望外地把它接过来，非常爱惜地抚摩着。

　　这时，毛先生又说："勤有功，戏无益。你看树木都是往上长的，你却要往下跪，高人不做，做矮人。人必须自尊自重，知耻而后勇，不能自轻自贱，不思进取。明白吗？"

　　毛先生的这一番话使我感动得流下了眼泪。于是我暗暗发誓，一定要记住这次教训，做一个受人尊重的人。之后，我一改以往的脾气，开始勤奋学习，成绩提高得非常快。

　　后来因为家庭原因，我未能继续上学。但是我一直坚持自学，获取新的知识。现在回头看看，我从小就如此坚持自我，加上乡下人独有的执拗性格，让不少人头疼。庆幸的是我有一个好父亲，有一个循循善诱的好老师，才一步步让我走上人生的正确道路。

延伸阅读

沈从文的故乡

　　湘西凤凰县是文学巨匠沈从文的故乡。那里风景独特，钟灵毓秀，聚居着土家族、苗族等多个少数民族，充满着淳朴的民族风情。在凤凰古城里，城垣逶迤，河水悠悠，青石道整洁风雅，吊脚楼古色古香，还有秀丽的姑娘在江边的石板上搓衣、洗菜……一切美得像一幅画卷，给人一种田园牧歌般的浪漫情调。

　　沈从文对他的故乡充满深情。他在小说《边城》里描绘了一个如梦如歌、世外桃源般的地方。很多人猜测故事中的"边城"指的就是凤凰。其实根据作者的描述，"边城"应该是湘西的另一座小镇"茶峒镇"（现已改名为边城镇）。

成长路上的悲与喜
——法拉第

英国人

物理学家、电磁学家、化学家

出生地：萨里郡纽因顿

生活年代：1791年—1867年

主要成就：首次发现电磁感应现象，代表作有《电学实验研究》

优点提炼：执着好学

我叫迈克尔·法拉第，出生于一个铁匠家庭。爸爸虽然是个铁匠，但体弱多病，收入也十分微薄，勉强才能维持一家六口人的生计。童年的大部分时间，我都是在饥饿中度过的。

就算在生活最好的时候，我能吃到的食物也非常有限。每个星期的第一天，我从妈妈那里得到一条长条形面包，就会把它平均分成十四份，每天早晚各吃一份。在那段时间，我时常感觉饥肠辘辘，能吃顿饱饭是我当时最大的奢望。

后来，我到了上学的年纪。虽然家庭经济条件实在不济，但爸妈仍尽力提供机会，让我进入学校读书。

我天生有着一个缺陷，说话有些大舌头，而且发不出"r"的音。但这个问题在上学之前并没有给我的日常生活带来影响，我也没太注意。但是到了我读书以后才发现，这真是个让我头痛的问题。班里的同学认为我的发音很搞笑，经常嘲笑我；老师对我的发音也极为不满，甚至有位老师说我是个"废物"。我受到大家的嘲笑和挖苦，心里很不是滋味。难道发音不准就应该受到嘲笑，被骂成"废物"吗？

老师和同学们一再嘲笑我的发音。我无法忍受这样的侮辱，跑回家抱着妈妈大哭起来。妈妈看到我哭得很伤心，心疼地问我发生什么事了。我就把自己在学校所受的委屈，一股脑儿全说了出来，最后说："妈妈，学校里的小朋友一点儿都不友好，老师也不和善，我再也不想去学校上学了。"

妈妈为我擦去脸上的泪水，心疼地说："孩子，妈妈没想到你受了这么多委屈。本来送你去学校，是想让你开心地学习的。既然这学上得只会给你带来创伤，咱们不上也罢！"

于是，我就退了学，离开了那个冷酷的学校。可生活对我的考验

并没有结束,就在我退学后不久,爸爸去世了,当时我才九岁。

爸爸是家中的顶梁柱,他的离去,无疑让我们这个本来就贫困的家庭雪上加霜。迫于生计,我不得不外出谋生。我先后在一家文具店做售货员,去街头当报童,去订书店当学徒。

面对着订书店里浩如大海的书籍,我心中燃起了学习的欲望。我才上了短短的两年学,要是我能把订书店里的书都读完,不就可以获得很多很多知识了吗?有了知识,我就有能力改变自己的处境了。

想到这个,我对自己的生活又充满了信心。于是,我利用这里丰富的资源,一头扎进了知识的海洋。后来我发现自己对自然科学特别感兴趣,尤其是那本《大英百科全书》里面的电学知识深深地吸引着我。

于是，我在学习知识的同时，也动手尝试着做各种电学方面的实验。

订书店里可以学到的知识虽然很多，但是探索的过程中总是一个人，有时候也会显得有些孤单。遇到不太理解和不确定的地方，我多么希望能找个人一起讨论啊！好在我真的找到了一些跟自己志同道合的人，组建了一个学习兴趣小组。我们常常聚在一起讨论科学问题，交换最近的学习心得和思想。久而久之，随着我对科学知识越来越深入的了解，我对它的兴趣也越来越浓厚。

后来，我的认真态度打动了一位书店的老主顾。他带我听了一次著名化学家戴维的演讲。戴维是我一直崇拜的偶像，终于有机会跟他近距离接触了。我十分珍惜这来之不易的机会，用笔和纸记录下戴维所说的每一句话，生怕漏掉了中间任何一个字。回去后我反复研究，更感觉受益匪浅。我于是心想，要是以后每天都能见到戴维，随时向他请教，那该多好啊！

我这样美美地想着，但是空想是没有用的，要怎么做才能实现这一愿望呢？我想来想去，决定给戴维写信。这样也许有一线希望，总比什么都不做要好。带着这一丝渺茫的希望，我给戴维寄去了我整理好的演讲记录，并附信表明了我想要献身科学的愿望和决心。

功夫不负有心人！戴维收到信后，竟然答应了我的请求，让我做他的实验助手。从此我开始了自己的科学研究生涯，这也改变了我的命运。我相信，梦想一定可以通过自己的努力来实现。

延伸阅读

不想变成贵族的平民

作为历史上伟大的科学家之一，法拉第不仅给人类留下了丰富的科研成果，他淡泊名利的品格也一直为后人所称道。他在艰苦的环境中选择以科学作为人生目标，为追求真理百折不挠，更不计名利。

成名后，法拉第仍然生活俭朴，衣着朴素，以至于有人去皇家实验室做实验，会误认为他是看门的老头儿。皇家学会学术委员会先后一致决议，聘请他担任会长和院长，都被法拉第一口回绝了。他的理由是："我是个普通人，如果我接受了皇家学会给我的荣耀，那我就不能保证自己的诚实和正直了。"

后来，英国王室也想要授予他爵士称号，法拉第同样以"我是平民，不想变成贵族"为由推脱掉了。

法拉第去世后，人们遵照他的遗愿，墓碑上只刻了他的名字和生卒年月。

> 我只是个普通人。

顽皮的"黑毛小狮子"——马克思

德国人

政治家、哲学家、经济学家、革命理论家、社会学家

出生地：普鲁士王国莱茵省特里尔市

生活年代：1818年—1883年

主要成就：创立马克思主义，是无产阶级的精神领袖，当代共产主义运动的先驱；主要著作有《资本论》《共产党宣言》

优点提炼：顽皮活泼，具有正义感

我的童年是在无忧无虑中度过的。

我的爸爸是个很有名的律师，妈妈是一位朴素、慈祥、善良的家庭妇女。他们都很爱我，希望我长大以后成为一名杰出的学者和律师，

或者从事一种稳定而且有可靠收入的职业。爸爸还给我起了个外号叫"黑毛小狮子"，因为我长了一头浓密的黑发，四肢粗壮，身体结实，就跟狮子一样。

我和爸爸关系很特殊。他既是我的父亲，更是我的朋友。在我很小的时候，他就教我读书，每天晚上披着睡衣来到我的房间，不是给我讲故事，就是陪我聊天儿，有时聊到很晚也不觉得疲倦。我很崇拜爸爸，从他身上我不仅学到了渊博的知识，也学会了做人的道理。

我是家里唯一的男孩，我有一个姐姐和两个妹妹。跟别的男孩一样，我也很顽皮。因为我的点子多，能想出各种各样有趣的游戏，还会讲许多优美动听的故事，所以我的身边总围着一群"死党"。姐姐、妹妹和小伙伴们都乐意和我一起玩。

有一天，我和小伙伴们来到了马尔库斯山上。看着草地上五颜六色的野花，我们立刻活跃起来。女孩子们像小兔子一样又蹦又跳，采摘她们喜欢的野花，然后把采来的花做成各式各样的花环、戒指，分别戴在头上、手上，把自己打扮成美丽的"花仙子"。而我则带着男孩子们像脱缰的野马一样互相追逐，在草地上摔跤、打滚儿。看着女孩子们头上的花环，我的坏主意冒出来了。我和几个男孩子悄悄走过去，猛地把女孩子们头上的花环抢过来，向空中抛去，比谁抛得高、扔得远。女孩子们心疼得不得了，跑来跑去追着那些在空中飞舞的花环……

玩累了，大家都坐在草地上休息。我又大声召唤小伙伴们："嘿，我们玩捉迷藏吧。大家只能在这座山丘上和树丛里躲藏，跑出这个范围就算犯规。如果谁被捉住了……"

一个小男孩问："被捉住了怎么办？"

我扬起小脑袋想了想说："谁被捉住了，谁就讲一个故事。"

大家一致同意。我像个将军一样发出命令："那好，第一局你们藏，我找。开始！"

说完，我紧紧地闭上了眼睛。等我再次睁开眼，一个伙伴也见不到了。我摆出一副大侦探的架势，机警地观察着、搜索着。忽然，我发现一排灌木丛后有轻微的响动。于是我蹑手蹑脚地走过去，悄悄绕到灌木丛后面。

"哈哈，你这个小笨鸭，我捉到你了。"说着，我把妹妹艾米莉从灌木丛里拽了出来。

"大家都出来吧！"我高声喊着。等小伙伴们纷纷跑过来，我又说，"艾米莉被我捉住了。下面让艾米莉为大家讲故事。"

艾米莉只有四岁，哪里会讲什么故事呢？她用求助的目光看着我，说："哥哥，你替我讲吧。求求你了！"

其他小伙伴们也想听我讲故事，于是不约而同地央求道："卡尔，你就给我们讲一个故事吧！"

我爽快地答应了。大家围着我坐好，我一边讲，一边活灵活现地表演起来。小伙伴们听得如痴如醉……

十二岁那年,我到特里尔城的一所中学读书。我们班的大部分同学是富人家的孩子,也有一些是农民、工匠和手工业者的子女。我在班里年龄是最小的。大家都喜欢我,因为我的顽皮淘气能使他们开心;可有时他们也怕我,因为我会搞恶作剧,捉弄他们。

有一次,受人尊敬的老校长来给大家讲课。老校长正讲得津津有味时,有个外号叫"小傻瓜"的葡萄园园主的儿子在下面吃起糖果来。老校长生气了,提出个问题让"小傻瓜"回答。"小傻瓜"慌了神,不断地向大家使眼色,恳求我们帮帮他,可谁也不理他。

瞅着"小傻瓜"那副可怜相,我心中一阵好笑。我飞快地编了几句词,麻利地写在一张纸条上,揉成团儿悄悄地递给了"小傻瓜"。

"小傻瓜"以为是答案,非常高兴。他趁老校长低头翻书的时机,手忙脚乱地打开了纸团。可是他看了后却气得"呼哧呼哧"直喘粗气。因为那上面写着一首讽刺诗。我在诗里挖苦他是个名副其实的"小傻瓜",胖得像头小猪娃,不动脑筋光贪玩,浑身都是臭泥巴。

这下子可把"小傻瓜"惹恼了。下课后,他气势汹汹地跑过来找我算账。我面无惧色,理直气壮地说:"你做了没理的事,还想找别人的碴儿吗?"

说完,我又随口编了一首讽刺诗。同学们听了都哈哈大笑起来。

尽管我顽皮淘气,但一点儿也没耽误学习。五年后,我毕业了。考试委员会在我的毕业证上写道:"本委员会衷心祝愿该生因天资过人而获得美好的前程。"

延伸阅读

敢于说真话的主编

1842年10月,年仅二十四岁的卡尔·马克思受聘担任了《莱茵报》的主编。

上任不久，马克思就遇到了一个重大事件：普鲁士的莱茵省议会讨论"林木盗窃"问题，要立法处罚盗窃者。可谁是盗窃者呢？议会把矛头指向了农民。

马克思敏锐地感觉到，事情的真相没有这么简单。他和同事们立刻展开深入调查，很快就把事情搞清楚了。原来，普鲁士西部有大片的原始森林和草原，一直都是当地农民、牧民生活的来源。后来这个地方被几个贵族和地主强行霸占。他们不允许农民去森林里捡枯树枝当柴烧，甚至孩子们到草地上去采草莓和蘑菇，也被视为偷窃。议会立法的目的其实就是要从法律层面承认这些贵族、地主霸占的土地是属于他们的私有财产。

这真是黑白颠倒！马克思和同事们都感到愤愤不平，写了许多文章登在《莱茵报》上，抨击议会的无耻行径。这些文章深得人心，《莱茵报》的发行量也一下子猛增了许多。

专制的普鲁士政府对这位敢于说真话的报纸主编又恨又怕，于是野蛮地下令查封了《莱茵报》。

抨击无耻行径！

鸟儿清理羽毛的大秘密
——诺贝尔

瑞典人

化学家、发明家、工程师

出生地：斯德哥尔摩

生活年代：1833年—1896年

主要成就：诺贝尔奖创始人，炸药的发明者

优点提炼：独立思考，善于观察

我叫诺贝尔，出生时只是一个普通的瑞典孩子。我最引以为荣的就是有一个好爸爸。我的爸爸是一位发明家。在他的影响下，我最喜欢听的就是科学家的故事。爸爸还常常鼓励我要成为一个对人类有用的人。

我总喜欢跟在爸爸身后，在他做实验时认真地观察，看到好奇的东西就东摸摸、西看看，遇到不懂的问题就虚心向爸爸请教。不过，爸爸并不会事事成全我这个"好奇宝宝"，他总希望让我自己去寻找答案。

当我还坐在爸爸腿上听故事的时候，他就开始训练我了。我家有一本《大英百科全书》。从记事起，我就经常坐在爸爸的腿上，听他给我读里面的内容。有一次，爸爸给我读恐龙的章节，里面提到"恐龙有二十五英尺高，头有六英尺宽"。

读到这里，爸爸对我说："我们一起来想想，这头恐龙会有多大呢？如果它站在我们的庭院里，会有两层楼这么高。它的脑袋很大，如果想要把头伸进我们家的窗户，都进不来呢！"

"原来恐龙这么大呀！"我睁着一双惊奇的眼睛，兴奋地叫起来。

也就是从那个时候起，我学会了遇到任何问题，都要跟实际生活联系起来。这样就可以让那些生硬的知识变得鲜活起来，也就容易被理解和记住了。

爸爸一直对我使用启发式教育，外出时也不忘时时培养我的独立思考能力。

有一次，我们一起去丛林漫步。突然，爸爸停了下来，指着前面的一只鸟儿对我说："看到那只鸟儿了吗？"

我顺着爸爸手指的方向看过去，果真看到一只鸟儿正停在树枝上，

就点了点头表示看到了。爸爸悄悄地对我说:"走,我们过去看看它在做什么。"

我蹑手蹑脚地跟在爸爸身后。待走近了一些时,爸爸说:"鸟儿在啄自己的羽毛。它为什么要这么做呢?"

"大概是飞行的时候把羽毛弄乱了,才要好好梳理一下吧!"我一脸认真地说。

爸爸摇摇头,说:"如果是这样的话,那它会在刚停下来的时候就把羽毛弄整齐的。现在看来,显然不是这个理由。你仔细观察,看是不是还有别的原因呢?"

"我再看看……"我目不转睛地盯着鸟儿,观察了一会儿,仍然找不出原因来。于是,我就向爸爸求教,"我实在看不出来。爸爸,您来告诉我原因吧！"

"因为鸟儿身上有虱子！"

"虱子？"我惊讶地张大了嘴巴。

爸爸继续给我解释："虱子在吃鸟儿羽毛上的蛋白质。虱子能分泌一种蜡，这种蜡是螨虫喜欢的食物。但是螨虫吃了蜡不消化，会拉出黏黏的东西来滋生细菌。这对鸟儿的健康造成了很大的威胁，所以，鸟儿总会及时清理羽毛，把身上的这些虱子、螨虫和细菌都清除掉。"

听着爸爸的话，我惊讶得合不拢嘴了。如果鸟儿不清理羽毛，会有这么多连锁反应啊！看来，各种事物之间都有着千丝万缕的联系，这些可都是需要仔细观察才能找到答案的。

从此，我就养成了留意观察的好习惯。

有一次，爸爸给我买了一个马车玩具。马车的车斗里还有一个小球。我注意到当我拉动马车向前走的时候，小球反而会向后滚动；而我让马车停住的时候，小球却总是向前滚动。这是为什么呢？带着这个疑问，我又去向爸爸请教。

虽然，爸爸平常都会让我自己去寻找答案，可他也许觉得这个现象显然已经超出了我的思考能力范围，就耐心地向我解释："物体运动时就会一直保持运动状态，当它静止时也一直保持静止状态，这个规律叫作惯性。比如，本来小球是静止的，你想改变这种状态，让它运动起来的时候，可它懒得运动，只想继续待在原地；相反，如果你想让运动中的小球停下来，它却会一直想要运动，所以在你人为将它停下来后，它还会保持一小会儿的运动状态，就会往前滚一段距离……"

父亲一边向我解说，一边用玩具马车给我演示过程。虽然我对"惯性"这个词语很陌生，但我却能理解我观察到的这个现象了。

感谢爸爸一直用这种开明的方式启发我、教育我，让我有机会自己把各种现象和问题弄清楚。

延伸阅读

昂贵的结婚礼物

诺贝尔曾说过自己不喜欢经商，只喜欢一直待在实验室里。但事实上，他是一位很富有的商人。他在很多国家创立了诺贝尔分公司，可谓是现代跨国公司的先驱。

到十九世纪末，诺贝尔的跨国公司已经成为一个庞大的工业帝国。但作为这个帝国的掌舵人，诺贝尔却对金钱毫无概念，而且对自己的财产也完全没有估算。

有一次，诺贝尔家的厨娘向他提出辞职，原因是她要回去结婚了。

诺贝尔向她表示了祝福,并询问她想要什么东西作为结婚礼物。这位聪明的姑娘提出一个奇怪的要求:"我只想要您一天所赚的钱,先生。"

这个看似简单的要求却把诺贝尔难倒了,他还真不知道自己一天能挣多少钱。但他又是个十分守信的人,答应别人的事就一定要做到。经过几天的计算之后,诺贝尔终于算出自己每天大概能挣四万法郎。

于是,诺贝尔就把四万法郎当成结婚礼物送给了这位姑娘。这笔钱在当时来说,仅仅依靠利息就能让她舒服地过上一辈子了。

> 我一天能挣多少钱呢?

在坎坷中成长
——门捷列夫

德国人

科学家、物理学家

出生地：西伯利亚托博尔斯克市

生活年代：1834年—1907年

主要成就：发现并归纳了化学元素周期律，制作出世界上第一张元素周期表

优点提炼：坚持学习，不轻易放弃

我叫门捷列夫，出生在一个"庞大"的家庭里。为什么这么说呢？因为我们家有十七个孩子，我排行十四，大家都亲切地叫我米佳。

我爸爸是一名中学校长，我妈妈是一个勤劳善良的家庭主妇，照顾着我们十七个孩子。本来家里孩子很多，要支撑这个家庭就很困难，

但更大的不幸随之而来，爸爸在我出生后没几个月就患上了眼疾，不得不去莫斯科做手术。

手术很成功，但依然没能保住爸爸的工作。爸爸回来后，不得不提前退休。可是家里有那么多张嘴要吃饭，爸爸的退休金又有限，所以家里经常入不敷出。

好在天无绝人之路。舅舅在30里外的一个地方开了个小玻璃厂。每逢舅舅去莫斯科办事时，厂里的业务就变得一塌糊涂。爸妈于是决定搬到舅舅工厂的院子里去生活，一方面可以帮助舅舅打点生意，另一方面也可以发展一些副业来谋生。就这样，我家的生活又渐渐走上了正常的轨道。

我经常偷偷潜入舅舅的厂房，去看工人们怎样熔制和加工玻璃。我最喜欢看大家拿着一根长长的管子伸进熔炉里面，然后取出一团熔化后的透明液体，吹成各式各样的玻璃器皿。这是件多么神奇的事情啊！我经常看得着迷。

光看还不过瘾，我还想亲自动手吹一个大大的玻璃球，于是就不知不觉靠近了熔炉。但是这可是个很危险的地方，我经常因为太靠近熔炉而被工人们赶出来。虽然一直都没能得手，但在我心中早已悄悄种下了一颗热爱科学的种子。

等到我七岁那年，我进了一所八年制学校学习。我对数学、物理和地理都很感兴趣，我这几门功课的成绩也很好。可是拉丁文却拖了我

的后腿，我经常只能在考试中得二分。这是严重的偏科，好在爸爸会帮我补习。

在我十三岁时，爸爸和姐姐相继去世了，玻璃厂也在一场火灾中被烧毁了。我家又重新陷入了困境。为了让我接受更好的教育，妈妈毫不犹豫地变卖了家中的一些财产，带着我千里迢迢地去圣彼得堡求学。可是理想中的学校却并没有向我们伸出橄榄枝，他们只招收在莫斯科学区内毕业的学生。

我只好转而报考了另一所学校——圣彼得堡专科学校。这所学校的条件还比较好，老师对学生因材施教，细心培养。我在学校里进步很快,特别是理科方面。化学家沃斯科列森斯基教授发现了我的化学天赋,教导我要大胆地思考和勇于克服前进道路上的困难。

在老师的引导下,我找到了自己的人生定位,下定决心要成为一名化学家。我发现化学和人们的生活是息息相关的,掌握了这门科学,可以为人们创造出更好的生活,获取更好、更便宜的东西。

正当我全身心投入到知识的海洋中时,却遭遇到一个沉重的打击:妈妈在我转入圣彼得堡师范学院后不久就去世了。这时,我才十六岁。

想起妈妈为我所倾注的精力,以及她对我的期待,我悲恸欲绝。她一生为我心力交瘁,最后却被病魔打败,对此我不能接受。妈妈在临终前嘱咐我:"不要欺骗自己,要辛勤地劳动,要耐心寻找真正的科学真理。"

为了不辜负妈妈的期望,我化悲痛为力量,更加勤奋地投入学习中。悲痛的心情、贫困的家庭环境和紧张的学习带来的压力,渐渐让我的身体健康受到影响,但我丝毫没有懈怠。要知道,我的学习机会是妈妈以健康和生命为代价换来的。我虽有病在身,但还应该坚持学习。后来我终于成为圣彼得堡师范学院的优等生,并以全院第一的成绩毕业。

努力学习,追求真理,攀登科学高峰,这是我一生努力的目标,也是我缅怀妈妈的一种方式。不管有多艰难,我都会坚持在科学探索和研究的道路上,坚定不移地走下去。

延伸阅读

玩"纸牌"的人

门捷列夫从圣彼得堡师范学院毕业后,去德国进一步深造,并集中精力研究物理、化学。回国后,他受邀担任了圣彼得堡大学教授。

在编写无机化学讲义时,他发现这门学科的教材已经非常陈旧,急需一本新的教材。于是,门捷列夫决定自己动笔编写。可是,当编写到化学元素及其化合物性质的章节时,

> 我真不是在玩儿牌。

他犯难了。当时已发现的化学元素有六十三种，要怎么排列它们呢？要寻找元素的科学分类方法，就必须进一步研究各个元素之间的关系。为此，他又一头钻进大学图书馆，在浩如烟海的书籍中搜寻有关化学元素分类的原始资料。

晚上回到家，他又继续挑灯研究。有一天深夜，他吩咐仆人去找来几张厚纸，然后做成小卡片，每张卡片上写上一种元素的名称、原子量、化合物的化学式和性质。然后，他把这些卡片分好类，放在实验台上，每天认真地"摆弄"着它们。家人见了觉得很奇怪，还以为惜时如命的他竟然在玩扑克牌呢！

就这样，经过几年的"玩牌"活动，门捷列夫终于揭开了元素之间周期性变化规律的奥秘。

母爱的力量——爱迪生

美国人

发明家、物理学家、企业家

出生地：俄亥俄州米兰镇

生活年代：1847年—1931年

主要成就：拥有超过两千项发明，包括对世界产生极大影响的留声机、电影摄影机、钨丝灯泡等；创办爱迪生通用电气公司（今通用电气前身）

优点提炼：好奇心很重，勇于尝试，有恒心

  1847年2月11日，一个长着圆脸蛋儿、蓝眼睛、淡金色头发的小男孩在美国俄亥俄州的米兰小镇上出生了。这个漂亮的孩子就是我——托马斯·阿尔瓦·爱迪生。

我在兄弟姐妹中排行第七，是家中最小的孩子，理所当然得到妈妈最多的宠爱。加上我从小身体就比较单薄，妈妈更是对我关爱有加。我虽然体质较弱，但却并不妨碍我开动脑筋，有着凡事都要打破砂锅问到底的性格。妈妈当过乡村教师，她认为，好奇是打开知识宝库的一把金钥匙。所以，面对我狂轰滥炸式的"为什么"，妈妈总是笑眯眯地给我细心地讲解。这个时候我总会坐在小板凳上，歪着小脑袋，扑闪着大眼睛，专心听妈妈讲话。

别看我有着一副很乖、很听话的样子，其实我可是个十足的顽皮孩子，绝不仅仅是多问几个"为什么"那么简单。

有一次，我看到铁匠将铁块放在熊熊大火中烧红，然后将它捶打成各式各样的工具。我感到很好奇，就晃着脑袋发出一连串的疑问："火是什么？火为什么可以燃烧？火为什么会发热？铁块被燃烧后为什么会发红？铁块烧红后为什么就变软了？"……可是大人们并不能回答我的这些个"为什么"。

带着这一连串的疑问，我回到家中，心中久久不能平静。我想要自己寻找答案。于是，我抱来一堆干草，放到小木棚里点燃了。可是还没来得及等我弄清楚火为什么会燃烧时，火势已经变得不可控制，最后引发了一场火灾，把家里的木棚烧没了。

我的第一次实验就这样以失败告终，但这并没有打消我继续尝试的热情。

记得有一天，我和小伙伴们都在大树下玩耍。没过多久，一位小伙伴发现树杈上有一个马蜂窝。大家都在猜测着马蜂窝到底是什么样子的。我却顽皮地眨了眨眼，说："我们把它捅下来，就知道啦！"

"马蜂会蜇人的啊！我才不捅呢，要捅你自己去捅吧！"小伙伴怕被蜇，都躲得远远的。

"捅就捅，我才不怕马蜂呢！就算被蜇，我也要弄清楚马蜂窝是什么样子的。"于是，我找来一根长长的树枝，把马蜂窝一下子捅了下来。

马蜂窝里的马蜂被惹怒了。它们发现了我这个"肇事者"，于是名副其实地"一窝蜂"地扑了过来。我还来不及闪躲，脸就已经被蜇得像马蜂窝了。

虽然是吃了点儿苦，但我最后还是把马蜂窝的内外构造看清楚了，也算是了了我一个心愿。不过想起被马蜂蜇的那种疼痛，我现在都还有些后怕。大家可千万不要去招惹它们哦！

不过，我也没有因为吃了这点儿苦，好奇心就有所收敛。我还闹过更大的笑话呢！

一天上午，我在院子里玩，突然发现大母鸡趴在鸡窝里，身子底下都是蛋。我左瞧瞧，右瞧瞧，心想：大母鸡趴在鸡蛋上做什么呢？

我想来想去，实在想不出答案，只好跑去问妈妈。妈妈微笑着说："母鸡在孵小鸡啊！母鸡趴在鸡蛋上，用体温温暖蛋壳，过一段时间就能孵出小鸡了呀！"

"哇，我懂了。好有趣啊！"我拍着小脑袋，恍然大悟，同时一个绝妙的念头立刻蹦了出来：我也要像鸡妈妈一样孵出小鸡来。

于是，我跑到鸡窝旁，照着样子用干草建了个窝，放上几个鸡蛋，然后小心翼翼地蹲在鸡蛋上，一动也不动。什么，你问我为什么不像大母鸡那样趴在鸡蛋上？那样做的话鸡蛋就会被压碎了！我可是聪明得很呢！

可事情并没有想象中那么简单。不一会儿，我的腿脚就有点儿麻了。但想到不久后就能孵出小鸡来，我心里还是美滋滋的，也有了坚持下去的动力。

就这样,我在自己的"鸡窝"里蹲了一上午,到了吃饭的时间,肚子开始"咕噜咕噜"地闹腾了。我正在为没法儿脱身吃饭而发愁时,妈妈一脸着急地朝我走过来了。看到我专心致志蹲在那里的样子,妈妈好奇地问:"托马斯,你在干什么呢?"

"我在孵小鸡呢。"我一脸认真地说。

母亲听了,捂着肚子哈哈大笑起来。在妈妈的进一步讲解之下,我这才知道,自己的做法有多么的荒唐。

也许这样的事情还能让爸妈一笑而过,但有些事情,却是真的给他们带来了不小的麻烦。

八岁那年,爸妈把我送进一所乡村小学就读。他们本以为我能安安分分地读书,可不知道等待他们的是更大的难堪。我那爱刨根问底的个性经常把老师问得哑口无言、尴尬不已。有一次上算术课,老师刚在黑板上写下"2+2=4",我便好奇地问道:"老师,2加上2为什么会等于4呢?"

这一问不要紧,可把老师问怒了。他觉得我就是个捣蛋鬼,是在故意跟他捣乱。

当然,这样的事情可不止一次,次数多了之后,我就被老师拉入了"黑名单"。我仅仅上了三个月的学,就被老师扣上"低能儿"的帽子撵回了家。

可是,我的学习之旅并没有因此止步。从此之后,妈妈就成了我的老师。正是因为妈妈的细心教导，才没有扼杀我的好奇心，为我后来的发明之路创造了良好的条件。

延伸阅读

忘了自己的名字

爱迪生做事专注的精神，人们早就有所耳闻，但是专注到连自己的名字都忘了，这还真是有点儿匪夷所思了。

据说有一次，爱迪生要去税务局纳税，不得不走出实验室。但他心里还一直在想着正在研究的课题。趁着排队的时间，他又沉浸在自己的研究世界之中。直到办事员叫到他名字的时候，他都没反应过来。

正好，爱迪生旁边有一个熟人，于是提醒他说："叫你呢，你不就是托马斯·爱迪生吗？"

爱迪生还有些没回过神来，疑惑地说："托马斯·爱迪生，我好像在哪儿听到过这个名字。"

看到对方用惊奇的目光看着自己，爱迪生愣了一下，突然拍着脑袋笑道:"哦!这不就是我的名字吗?"

后来回忆起这件事情的时候,爱迪生还说:"虽然那时只有短短的三秒钟,可是就算是有人说要我的命,我也无法想起自己的名字来。"

哦,这些科学狂人有时候还真是让人难以理解啊!

这名字好耳熟啊。

不就是你吗?

大自然的恩惠——泰戈尔

诗人、文学家、哲学家、社会活动家

印度人

出生地：加尔各答

生活年代：1861年—1941年

主要成就：第一位获得诺贝尔文学奖的亚洲人，他的诗作在印度享有史诗地位，主要作品有《吉檀迦利》《飞鸟集》《眼中沙》《四个人》《家庭与世界》《园丁集》《新月集》《最后的诗篇》等

优点提炼：热爱大自然，饱含诗情

  1861年5月7日，印度加尔各答市一个既传统又开明的贵族家庭迎来了他们的第十四个孩子。由于这是全家最小的孩子，大家都亲切地称呼他为"罗宾"。这个容貌端正、皮肤黝黑、备受瞩目的小孩儿就是我——拉宾德拉纳特·泰戈尔。

虽然我出生于一个富贵家庭，但是家里的生活非常简朴，吃的不是山珍海味，穿的也并非绫罗绸缎。虽然有很多仆人照顾我，但他们把我管得死死的，这儿不准去，那儿也不许玩。我每天都在仆人的看管下小心翼翼地生活。那时的我非常喜欢大自然，很向往外面的世界，但是出门自由活动简直就是一种奢望。

有一天，窗外阳光明媚，树木郁郁葱葱，灌木丛旁是一簇簇盛开的鲜花，夹杂着鸟叫和流水声，这一切对我都是极大的诱惑。我在家里焦躁地走来走去，不时地向仆人乞求："让我出去玩一会儿吧，我保证不惹什么麻烦。"

"小少爷，您敢保证，我可不敢保证呀！"

"可是……可是，我真的很想出去。外面的景色多美啊！"

"您还是老实在家待着吧。再说了，在房子里您不是也可以感受到美好的景色吗？"

"那是不一样的。不信我们一起出去感受一下！"我还是在努力说服仆人，期待他能"开恩"。但是，仆人对我的央求毫不松口，他们甚至还编出一些故事来吓唬我。很小的时候，我就听过史诗《罗摩衍那》中的故事，里面说越过划定的圆圈就会受到诅咒。仆人于是吓唬我，如果我坚持要出去玩，也会受到诅咒。我虽然一直都是半信半疑，但也不敢越雷池半步，只好乖乖地待在家里。

你一定很难想象，在这样备受束缚的环境下，我是如何写出那么多清新而又富有哲理的诗句的。没错，也许正是因为沉浸在这个孤独的小世界里，反倒孕育了我敏锐的观察力和多愁善感的性格。正是因为对未知事物的好奇，我稚嫩的头脑中才会形成对世界无限神奇的想象。

受哥哥姐姐们的影响，我很快喜欢上了民间文学。起初是对神话传说和谚语故事感兴趣，后来在儿童课本上接触到诗文，我马上对它产生了百分之百完美的"第一印象"，并且矢志不渝地终生挚爱。直到今天，我每每读到押韵的诗句，就像谛听到雨水的淅沥声和树叶的婆娑声。这是多么美好的体验！

八岁那年，我看到堂兄在家里写诗，就好奇地问他："怎样才能写出完美的诗呢？"

"这有什么难的，写诗是天底下最容易的事情了。你只要将一个个词填入音节里就好了。"

"你的意思是说，我也可以写诗吗？"

"当然！"

然后我就依照堂兄的模板，马上酝酿起来。就这样，我写出了生平第一首诗。经过这次尝试，我感到一扇快乐之门向我打开了。于是我经常随身带个小笔记本，一有灵感，就会写上几句。在家庭聚会上，我也常常朗诵自己的诗，家人都为我这个小诗人感到骄傲。每当我看到长辈们脸上露出喜悦和赞赏的笑容，我的心里就乐滋滋的，立志要写出更多精彩华章来！

十二岁那年，和爸爸的一次出行在我的生命历程中具有划时代的意义。那天，爸爸把我叫到跟前，问我是否愿意同他一起前往喜马拉雅山。听到这个消息，我欣喜若狂地抱着爸爸亲了又亲。要知道，喜马拉雅山是我向往已久的神圣之地。那里白雪皑皑，人迹罕至，充满了神秘诱人的魅力，也有着无数奇特的传说。我一直期望自己能够身处其中，而这一天，就要来了！

和爸爸出行的日子里，我终于摆脱了那些絮絮叨叨的仆人，像只出笼的小鸟一样在自由的空气中四处翱翔。这一路上我经历了无数刻骨铭心的"第一次"：第一次在空旷的原野上奔跑游玩；第一次收集到很多奇形怪状的石头；第一次在奔腾飞溅的瀑布边洗脸濯足，第一次在幽深的山涧里看鱼儿嬉戏……

几个月后，我们到达了喜马拉雅山山区。在我们居住的小房子里，透过窗户就能看见遥远的雪峰，巍峨的群山顶上飘着白纱般的云朵，悬崖峡谷深不见底，瀑布和激流像是群山佩戴着的珍珠项链，白天在阳光的照射下，从山坡到谷底，处处闪着银光。我的心被这风光绮丽、庄严雄伟的世界屋脊深深地震撼了。

除了欣赏到这些美景，一路上爸爸给我讲解了很多文学作品和天文知识。他还让我独立掌管自己的财政，通过路上遇到的实际情况，让我学会分析和判断。在这样的磨砺下，我养成了不少好习惯，更让我终身受益。

这一路上，我锻炼了身体，增长了知识，也愉悦了精神。在我心目中，这段时间是我少年时代最幸福、最完美的日子，并成为我日后创作的丰富源泉。

延伸阅读

泰戈尔与徐志摩

你知道吗,诗人徐志摩有一个印度名字,叫"苏萨玛",翻译过来就是"文雅之士"的意思。这个名字是印度大文豪泰戈尔访问中国期间,给徐志摩取的。

1924年4月,泰戈尔在上海会见中国的各界名人,并发表演讲。诗人徐志摩是他的翻译。泰戈尔以其独特的语言和意象表达他的政治哲学观点。要知道,把他的演讲精确地译成中文可不是一件容易的事情。然而,徐志摩凭借自己深厚的造诣和非凡的文字功底,才情洋溢、声情并茂地把印度大师的演讲翻译给中国听众。这不仅受到了大家的好评,也得到了泰戈尔的高度认可,于是他们成了无话不谈的忘年之交。

徐志摩是个文雅之士。

书籍的力量
——高尔基

作家、诗人、评论家、政论家

苏联人

出生地：下诺夫哥罗德城

生活年代：1868年—1936年

主要成就：代表作有《童年》《在人间》《我的大学》等

优点提炼：爱书成痴，利用一切机会读书

我是阿列克塞·马克西莫维奇·彼什科夫。听到这个名字，相信大家不只是觉得陌生，更会觉得长得有点儿让人晕头转向。所以，我后来给自己取了个笔名，叫"高尔基"，这样就"接地气"多了。不过，这都是我长大以后的事了。下面就让我带着大家，一起穿越到我的孩童时代吧！

1868年3月14日，我出生于俄罗斯帝国伏尔加河畔的下诺夫哥罗德城。我的童年可以说是极其悲惨的：父亲感染霍乱，在我三岁时就去世了；我跟随母亲到外公家生活；之后，母亲改嫁，并在几年后患肺结核去世；没多久，外公也破产了。

十一岁时，我就被迫流落街头，开始独立谋生：捡破烂儿，当学徒和杂工，受尽欺凌与虐待，饱尝生活的苦难和艰辛。

对于童年的所有记忆，最幸福的事情就是我上过三年小学。在这短短的三年里，我接触到了书籍，并从此爱上了读书。以至于在走出校门后，我也要利用一切机会如饥似渴地阅读手边可以读到的任何书。

十岁那年，我在鞋店当学徒。因为没有钱买书，我就到处借书读。虽然说起来是学徒，但实际上我就是奴仆，每天从早到半夜忙着各种琐碎的事情：上街买东西、生炉子、擦地板、洗菜、带孩子……忙碌了一天之后，我便用自制的小灯，就着微弱的灯光读书。这也是我一天中最快乐的时刻，可以让我忘记贫穷，忘记委屈，忘记所有的辛苦和劳累。

可我读书的事情却遭到了老板娘的反对。她经常到我睡觉的阁楼去搜书，如果搜到就当场撕碎。有时我读书时被老板娘撞见，运气不好还会被她毒打一顿。

有一次，我在烧水时读书读得太入神了，没有发觉水早就烧开了，结果把茶壶烧坏了。这可闯下大祸了。凶狠的老板娘抄起一根木棍，不容分说就朝我身上打来，把我打得身上青一块紫一块的，有的地方都渗出了血，木刺都扎到肉里去了。因为我受伤太重，老板娘最后不得不请医生来看病。医生从我的背上拔出了十二根木刺。他看着遍体鳞伤的我，气愤地鼓动我去告老板娘犯了虐待罪。

老板娘有些害怕了，她可不想因此惹上麻烦。于是，她换上一副可怜的面孔，说："孩子，只要你不去告发我，我什么都答应你。"

"你说话算数？"我顿时眼睛都发亮了。

"是的。"老板娘无可奈何地说。

"只要你允许我在干完活儿后可以读书，我就不去告发你。"

老板娘虽然极不情愿，但还是答应了。就这样，我虽然受到了皮肉之苦，但好歹没有白挨打，终于因祸得福换来了读书的权利。

当然，我与老板和老板娘之间的斗争并没有因为她这次小小的妥协而发生改变。

有一次，我从邻居家借了一本小说，趁老板晚上睡着以后，就在窗边借着月光津津有味地读起来。

可没多久，月亮就躲到了云层后面，我看不清书上的字了。可我正看到兴头上，哪肯就此罢手。于是，我偷偷地点了盏小油灯。可我还没看多久，老板娘就醒来了。她看到我在油灯下如痴如醉地看书，便怒气冲冲地说："看什么看，你把我的灯油都快用完了！"

说完这句话,她就像一头母狼似的扑上来殴打我。我忍无可忍,连夜收拾好自己的行囊,离开了这家鞋店。

我背着行囊来到伏尔加河边,注视着波光点点的河面,不觉悲从中来。可不久,我又找到了新的生活希望。因为我在一艘轮船上遇到了一位和蔼可亲的胖厨师,并做起了他的洗碗小伙计。更让我惊喜的是,胖厨师竟然也是个书迷,他有满满一箱的书,让我随便读。

我高兴极了,于是一有空闲时间就跑去如饥似渴地读书。我一边读书一边思索,从大量的书籍中明白了许多人世间的道理,也学到了许多知识。

可美好的时光总是过得特别快。后来，我辗转到一家食品店干活儿。在那里，我因为爱读书，经常被其他伙计们瞧不起，他们还叫我"白痴"。

有一次，一个顾客拿来一张奇怪的订货单，上面写着："我要九块蛋糕，但要装在四个盒子里，而且每个盒子里至少要有三块蛋糕。"

"先生，这……这哪行呀？"大伙计看了订货单，为难地说。

"贵店不是以讲信用闻名远近的吗？如果连这种小事都办不成，那今后还是把招牌砸掉算了！"顾客傲慢地说完，扬长而去。

大伙计急得直挠头，不知道怎么办才好，只好向老板汇报。老板也觉得有些为难，含糊地说："先装了再说吧。"

大伙计尝试了好几次，装坏了好几块蛋糕，却还是没办法按照订单的要求装好。

我拿起订货单，认真地看了看，脑袋里转了转，突然冒出了一个好主意。于是，我自告奋勇地说："老板，让我来试试吧！"

"你？不毁了生意就不错了，还想逞能！"大伙计嘲讽地对我说。

可我并没有放弃，拍着胸脯胸有成竹地说："这有什么困难，就等着看我的吧！"

说完，我将九块蛋糕分别装在三个小盒子里，每盒三块，然后再把这三个盒子装在一个大盒子里。

大伙计不服气地摇摇头说："这样怎么行呢？盒子的大小都不一

样，而且还有个盒子没有装蛋糕啊！"

我狡黠地笑笑，说："订货单上没有限制盒子的大小，也没有规定不能套着装啊！"

大伙计无言以对。老板也不知道是否符合要求，但他又没有更好的办法，只好怀着忐忑的心情，等着顾客来提货。

不久，顾客来了。他挑剔地检查了一遍，最后什么也没说，便提着蛋糕走了。老板和大伙计这才终于松了一口气。从那以后，他们对我刮目相看，并开始尊重我了。

我知道，这都得感谢书籍给我的力量和智慧，是它们让我在面对难题时，能想出办法，化解难题。

延伸阅读

"疯狂"的救书行为

高尔基从小就痴迷读书。等到他长大成为大文豪后，这种痴迷程度也丝毫没有减少。他不但爱读书，更爱书，可以说是爱书如命。

有一次，高尔基的房间失火了。看着熊熊燃烧的大火，高尔基没有一丝犹豫，迅速冲进了火海。待大家反应过来想要阻拦他时，却已经来不及了。大家只好聚拢在火场外面默默祈祷，希望高尔基能平安出来。

　　经历了一段生死煎熬的等待时光，高尔基终于冲出了火场。只见他裹着毯子，怀里紧紧地抱着一摞书，头发已经烤焦了，衣服也变得破烂不堪，怀里的书却完好如初。

　　大家以为高尔基冒着生命危险冲进火海，一定是要抢救十分贵重的东西，却完全没想到他抢救的竟然是一摞书。看着大家不解的样子，高尔基耐心地解释道："书籍启示着我的智慧和心灵，帮助我从一片烂泥塘里站起来。如果没有书籍的话，我就会沉没在这片泥塘里，被愚蠢和无知淹死。"

　　听到高尔基的这番话，大家才恍然大悟，理解了高尔基的"疯狂"救书行为。

备受宠爱的小姑娘
——阿加莎

出生地：英格兰德文郡托基市

英国人

生活年代：1890年—1976年

主要成就：举世公认的"侦探小说女王"；小说中塑造的神探波洛更是成为家喻户晓的人物；代表作品有《东方快车谋杀案》和《尼罗河上的惨案》等

侦探小说家、剧作家

优点提炼：天真可爱，想象力丰富

  在家里，爸爸妈妈爱我，保姆疼我，哥哥姐姐让着我。所以，我的童年生活十分幸福快乐。

  我最喜欢听妈妈给我讲故事。她曾经给我讲过一个"亮眼睛老鼠"的故事，故事里那只亮眼睛老鼠经历了各式各样的奇遇。可是当妈妈有一天宣布这个故事已经讲完了的时候，我难过得几乎要哭了。妈妈一见，赶忙安慰我："我再给你讲一个'好奇的蜡烛'的故事。"这个故事有点儿像侦探小说，遗憾的是当妈妈讲到最惊险的地方时，家里来了几位客人，住了一些日子。等客人走了以后，我让妈妈接着讲。可她表情茫然，早把这个故事忘得一干二净了。这个故事的结局到底是什么呢？大大的问号一直萦绕在我的脑海里，赶也赶不走。

妈妈把哥哥和姐姐送到高级寄宿学校去上学，却规定我八岁之前不许读书，理由是"为了保护我的眼睛和脑子"。然而，事情的发展并不像她希望的那样。每当别人给我读了一个我喜爱的故事后，我就会要过那本书来看。开始看不懂，后来渐渐地也就看懂了。结果有一天，我发现自己可以毫不费力地读《爱情的天使》了，就给保姆高声朗读了这本书。

第二天，保姆歉疚地告诉妈妈："太太，恐怕阿加莎已经学会阅读了。"

妈妈很痛苦，但也没有办法。从那以后，每逢圣诞节和生日，我要的礼物都是书。

我五岁那年，姐姐麦琪从巴黎学成归来。她待我很好，常常给我讲故事，还用一本《袖珍家庭教师手册》当教材教我学法语。她不是一个合格的老师，不太懂得教学艺术。我不喜欢法语，也讨厌那本手册，所以好几次把它悄悄地藏在书架上其他书的后面，可是不久就被姐姐找了出来。

怎么才能藏在一个谁也找不到的地方呢？我发现房间的角落里摆着一个大玻璃罩，里面放着一只大秃头鹰的标本，心里顿时有了主意。我小心翼翼地把《袖珍家庭教师手册》塞到秃鹰后面的角落里。这一次我干得很成功。几天过去了，尽管妈妈和姐姐搜遍了全屋，还是没有找到那本手册。

不久，妈妈当众宣布："谁要能找到那本手册，就赏给他（她）一大块美味巧克力。"

嘴馋的毛病使我掉进了妈妈的圈套。我装模作样地在屋子里四处搜寻了一番，然后爬上一把椅子，查看秃鹰的后面，故作惊讶地大声喊道："噢，原来在这儿呀！"

结果可想而知，我受到一顿训斥之后，妈妈罚我躺在床上，一天不许下地玩耍。当时我觉得特别委屈。受到惩罚是应该的，因为全家人都知道书是我藏起来的。但是不赏给我那块巧克力是不公平的，因为事先已经说好的嘛，谁找到书就赏给谁，而我发现了却没有得到巧克力。

姐姐常跟我玩一种叫"疯子大姐"的游戏。这个游戏既吸引人，又让人感到有些恐惧。游戏的规则是我家有一位大姐姐，比我和姐姐年龄都大，是个疯子，住在科尔宾角的一个岩洞里，偶尔回到家里来；她的长相和打扮跟姐姐一模一样，只是嗓音完全不同，阴阳怪气的，

听起来相当可怕。

　　玩过这个游戏后，我常常感到难以名状的惊恐。尽管我心里也明白那是姐姐装扮的，可难道就不会是真的吗？那副似鬼非鬼的腔调，狐狸一样眯缝着的吊眼，怎么能不叫我相信她的确就是那个疯子大姐呢？

　　每当看到我发呆的样子，姐姐总是摇着我的胳膊，说："这只是个游戏，你千万不能当真啊！嘿，你不认识我了吗？我是你姐姐麦琪，千万别把我当成疯子大姐呀！"

　　母亲为此很恼火："麦琪，不许用这个愚蠢的把戏吓唬妹妹！"

姐姐蛮有理由地分辩道:"是她自己要玩的。"

姐姐的的确确是个讲故事的天才……听她讲得多了,我也尝试着写起故事来。我写的第一个故事是关于争夺一座城堡继承权的,有一点儿像情节剧,很短,因为写作和拼写是我感到头痛的事。故事中有两个人物:一个是品德高尚的好人麦琪夫人,一个是凶狠残暴的坏蛋阿加莎夫人。起初,我是出于礼貌,才把好人的角色安排给姐姐的。

等我先把故事拿给姐姐看,提议两人一起表演时,麦琪立刻提出,残暴的应该是麦琪夫人,高尚的才是阿加莎夫人。并且要求我俩"对号入座",按各自的名字对应角色扮演。

"难道你不喜欢当好人吗?"我疑惑地问。

姐姐回答说:"当一个邪恶的家伙更来劲儿。"

能演高尚的阿加莎夫人,我自然很高兴,也就同意了她的要求。

爸爸和妈妈看了我们俩演的故事,笑得前仰后合。

妈妈出于善意,建议我最好不用"残暴"这个词。我却一本正经地解释道:"可麦琪夫人的确非常残暴,她杀了好多好多人。"

从那以后,我对编故事产生了浓厚的兴趣。一生中,我编了许多离奇曲折、扣人心弦的故事,特别是侦探故事。

延伸阅读

"喜旧厌新"的丈夫

1930年，刚从离婚的阴影中走出来的阿加莎，乘火车到东方去旅行。在幼发拉底河南边的古城乌尔，她的朋友请求年轻的考古学家马克斯·马洛温领阿加莎到四周游览。

当时，阿加莎四十岁，马克斯二十六岁，两人相差十四岁。

阿加莎一开始很不习惯由一个年轻的陌生男子陪伴，但这个寡言少语的年轻人却一点儿也不招人烦，照顾她非常周到。

越老越迷人。

在去希腊游玩的途中，阿加莎接到电报，她的独生女儿感染了肺炎。她非常担忧，恍惚中扭伤了脚踝。马克斯不但悉心照顾了她，还善解人意地提出护送她回家。回到伦敦后，马克斯向阿加莎正式求婚，阿加莎同意了。

这桩年龄悬殊的婚事与当时的社会风俗格格不入，遭到了很多人的质疑。有人问阿加莎："和一位对古董有浓厚兴趣的男人结婚，有什么感受？"

侦探小说女王风趣地回答说："考古学家是任何一个女人所能拥有的最好的丈夫。因为女人的年纪越大，他对她的兴趣就越浓厚，绝不会喜新厌旧。"

充满斗志的少年
——叶利钦

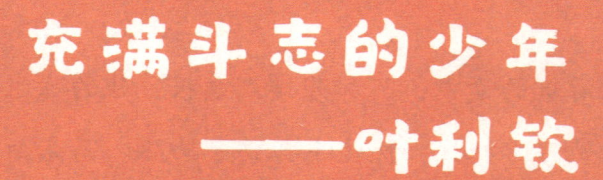

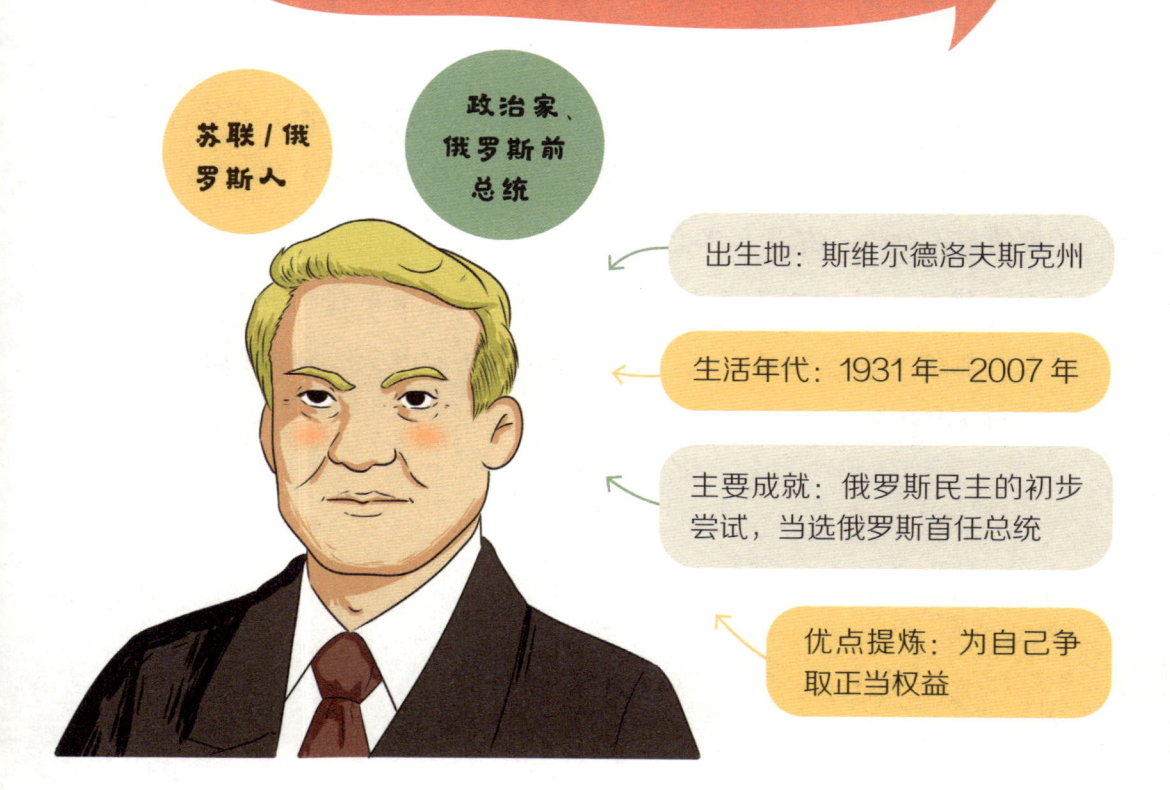

苏联/俄罗斯人

政治家、俄罗斯前总统

出生地：斯维尔德洛夫斯克州

生活年代：1931年—2007年

主要成就：俄罗斯民主的初步尝试，当选俄罗斯首任总统

优点提炼：为自己争取正当权益

我叫叶利钦，家里人都叫我鲍里斯。这是因为我刚满月去教堂接受洗礼时，神父心不在焉地跟别人闲聊，完全忽略了在桶中受洗的我。后来还是妈妈首先发现了情况不对劲，急忙把我从桶中捞出来，但我那时已经奄奄一息了。因此，父亲就给大难不死的我取名为鲍里斯·叶

利钦，意思为"斗志"，希望我像一名充满斗志的勇士一样生活下去。

事实上，由于家庭环境的原因，我从小就养成了倔强好斗的性格。我出生在一个贫困的农民家庭，全家六口人挤在一间破旧的小屋里。家里除了有一头奶牛以外，就没有别的值钱的东西了。

我想要改变自己的命运，就只能发奋读书。因此，我从进入校门的第一天开始，就很认真地对待读书这件事情。凭借我的刻苦努力，学习成绩十分优秀。

也许因为是家里的长子，我从小就对身边的人特别关照，也喜欢与大家打成一片。因此，我身边总会围绕着一些小伙伴，一起上学、一起放学、一起写作业、一起玩乐，大家也都十分信服我。可是，这样的我却并没有得到老师的青睐。有些老师甚至认为我是坏学生，还向学校提议要求开除我。

如果大家以为我在学校的表现非常恶劣，是个害群之马，可真是冤枉我了。其实，老师们之所以讨厌我，只是因为我喜欢在上课时提一些稀奇古怪的问题，而且有些问题令老师根本无法回答。他们经常听到我的提问后无言以对。这样的场面弄得他们很尴尬，所以认为我是在故意跟他们抬杠。

记得有一次，老师严厉地批评了一个同学，可那个同学其实并没有做错什么。我觉得这样不公平，于是在正义感的驱使下，站出来为那个被批评的小伙伴讨公道。这样做的后果可想而知，我触到了老师的"底线",被他当成了眼中钉。

其实,我也不是故意要扰乱课堂秩序或者是损坏老师的威严。我每次的提问和反驳都是有道理的,只是想弄清楚事情的真相而已。

就这样,我和老师们的"磕磕碰碰"一直延续到毕业。本以为马上就能拿到毕业证了,没想到最后时刻出了点儿岔子。

毕业考试结束后,我的各门功课都考得很好,几乎都是满分。对于能顺利毕业这件事,我从来就没有过一丝的怀疑。

毕业典礼那天,我迫不及待地来到学校,感受着隆重的毕业典礼的气息。同学们一个接着一个走上台,从老师手中领走属于自己的毕业证书。等到我走上台时,不由得突然想起这些年在学校发生的点点滴滴。现在就要离开这里了,我真想把自己的感受说出来,和大家分享。于是,我走到台上,说:"在毕业前,我有些话想对学校、老师和同学们说,希望能得到老师的同意。"

台下的同学们听到我的请求,都鼓起掌来支持我。主持典礼的老师听到我的请求,有些惊讶,但看到台下热烈的反响,只好微笑着向我点了点头。

我看着台下的老师和同学,突然感到心潮澎湃。我说这些年的学习生活如同电影般,一幕幕从眼前晃过。那些陪伴着我的同学,教导我的老师,尤其是在我困难时给过我关心和帮助的老师,我都向他们致以诚挚的感谢。听到我的发言,台上台下都是一片赞赏,掌声连绵不绝。

但是我话锋一转,提到了现在的班主任。我认为他工作中存在着严重的失误和不足,教育方式尤其不对。其实我并没有耍孩子气,也不是特意攻击他,只是很客观地讲出了自己对班主任老师的看法。

班主任在台下听到我的发言,脸色顿时变得很难看。但他也不好在这时候发作,只好强忍着心中的不快,脸上不由得露出一副恨得牙根痒痒的样子。

等到我发完言下台,要去拿毕业证的时候,班主任却告诉我,我不能拿到毕业证,只能拿到肄业证。顿时,我十分气愤,反问道:"我每门功课的分数都很高,凭什么不能拿到毕业证,而只能拿到肄业证?

不给我发毕业证,根本就是没有道理的,而且严重侵犯了我的权利!"

班主任虽然无言以对,却还是不肯给我发毕业证。我知道一定是因为我刚才在毕业典礼上的那番言论,导致引火烧身。但我不会听之任之,任凭他们这样不公平地对待我。

于是,我每天奔走于学校与主管教育的政府部门之间,想要通过合理途径拿到自己的毕业证。经过我的努力申诉,主管教育的机构专门成立了一个调查班主任行为的工作委员会。最后,工作委员会查出班主任在工作中的种种不足,并给了他相应的处罚。当然,我也得到了那张迟来的毕业证。

自从这件事情后,我更加坚定了必要时应该勇敢地站出来,为自己争取公平和公正的信念。也只有具备了这种大无畏的勇气,才能抬头挺胸地面对强大的对手,争取到属于自己的合法权利。

延伸阅读

叶利钦的中国情结

叶利钦是第一位访华的俄罗斯国家元首。在他任职期间,中俄关系上了三个台阶：1992年12月，两国宣布"互相视为友好国家"；1994年9月，两国建立"面向二十一世纪的建设性伙伴关系"；1996年4月，叶利钦再次访华，两国领导人签署了《中俄联合声明》，宣布两国将发展"平等信任、面向21世纪的战略协作伙伴关系"，并确定两国"平等信任、睦邻友好、互利合作、共同发展"的发展方向。

后来，叶利钦卸任总统一职后，应邀来中国治病。从此，叶利钦喜欢上中医，并练习中国气功，健康状况大有好转，和中国人民建立起了深厚的友谊。

漫画让我们停止哭泣 ——宫崎骏

日本人

动画导演、动画师、漫画家、编剧作家

出生地：东京都文京区

生活年代：1941年至今

主要成就：执导过《天空之城》《龙猫》《千与千寻》等动画片；他的作品大多涉及人类与自然、和平主义及女权运动，以精湛的技术、动人的故事和温暖的风格在世界动漫界独树一帜

优点提炼：返璞归真，用童真反思社会，感动世界

  日本是一个动漫作品非常流行的国度，但是在20世纪40年代，动漫艺术还处于萌芽和探索的阶段。1941年1月5日，我出生在日本东京都文京区，在家里兄弟中排行第二，取名宫崎骏。

我刚出生那会儿，日本正处在第二次世界大战当中，很多人颠沛流离。我家也不例外。我们全家先是从东京都搬到东北部的乡下，后来又辗转迁往枥（lì）木县的宇都宫市和鹿沼市，那些地方留给我很多特别的回忆。也就是在那些日子里，我感受到了大自然的神奇，开始思索人与自然的关系。

我自幼身体不好，胃肠虚弱，又不擅长运动，因此经常被同学讥笑为"运动无能"。医生曾断言我活不过二十岁，长辈也担心我走上社会后难以谋生养活自己。然而，我的外表虽然虚弱，但在绘画上却表现出异常的天赋。

从我六岁开始，妈妈患了结核病，在医院一躺就是几年。在那些漫长而孤独的日子里，我总是会莫名地担心，害怕某一天妈妈会悄然离世，因此经常陷入一种无助的恐惧中。但我又不知道该怎么表达自己的情绪。好在我喜欢漫画，它成了我心灵上唯一的慰藉。那段时间，手冢治虫的漫画很流行。我全身心地沉浸在漫画世界里，心里也有了一个漫画梦。从小学到中学，我一直积极努力地练习漫画创作。

那时候，爸爸白天外出工作，下班后照顾生病的妈妈和我们一大家子，十分辛苦。

有一次，年幼的弟弟撒娇要妈妈抱抱。可是，妈妈重病在身，哪里还有力气抱孩子呢？她只好含着眼泪拒绝了弟弟，弟弟因此委屈地哭闹起来。

看到这一幕，我的心里酸酸的。我想起爸爸平常给我们讲故事的情形。弟弟们只要一听到爸爸讲故事，就会安静下来。可是，我不会讲故事，怎么办呢？突然，我急中生智，想起自己平时画的漫画。在我的漫画作品里，每一个人物都是很特别的，他们有自己的喜怒哀乐，会用自己的表情和动作来讲故事。于是，我把那些漫画拿出来给弟弟们看，他们一下就被吸引住了，马上停止了哭闹，看得津津有味。

后来我发现，这个办法屡试不爽，只要我把自己的漫画拿给弟弟们看，他们就会马上安静下来，看完之后，还会不断催促我画新的漫画。每一次出了新作品，弟弟们都是我的第一批读者。

这样的日子虽然有些艰辛，但是看到噙着眼泪破涕为笑的弟弟们，

我内心的成就感油然而生。慢慢地，照顾弟弟们的责任就落在了我稚嫩的肩头，同时我也在漫画创作上越来越成熟。后来我拍的《龙猫》那部电影，就是以妈妈生病的这段生活作为蓝本，感动了无数人。

那段时间，除了妈妈生病让人难过，我周围的人也都生活在水深火热之中，我听到过许多悲惨的故事。因为正值战争时期，各种征兵或者战乱，让老百姓的生活遭受着巨大的痛苦与折磨。

有一次，我们遇到了空袭。叔叔冒险开来一辆小卡车准备载上全家人逃离。匆忙中，一个邻居抱着她的孩子跑过来请求说："行行好，您可以载我和孩子一起离开吗？"

伴着防空警报的尖叫声，飞机的发动机声渐渐由远及近。叔叔看了看对方襁褓中的小孩儿，又看了看身后满满的车厢，稍微犹豫了一下，但最后还是狠心将车开走了，留下了那个哀号的妇女和孩子。

看着她们的身影在地平线上慢慢消失，我心里特别不是滋味，心想自己所在的家庭还有能力让我们乘着汽车逃命，可普通老百姓却只有在原地等死。

后来，我听说那对没能上车的母女也幸存下来了（要知道在那种情况下，能活下来是件相当不容易的事），但是这件事仍在我心头留下了永远的痛。

这些关于战争的童年记忆，一直封存在我的脑海中，在我长大之后也挥之不去。我一直觉得应该改变这一切，应该用什么方式来阻止战争和杀戮，让人们重新燃起对生命和和平生活的信心。

这时，我又想到了漫画。既然它可以让年幼的弟弟们停止哭泣，我相信它也具有平复创伤的能力，让人重新感觉到希望和力量。我要把爱、生命与和平这些主题描绘下来，传播给更多的人。于是，我把全部精力都投入漫画创作中。

如果说手冢治虫的漫画是对我的启蒙，那么真正对我影响巨大的，就是东映公司的动画片《白蛇传》，那是我在一家三流电影院看的日本首部长篇彩色动画片。现在看来，那部动画片并不是什么经典之作，但对于一个十几岁的孩子来说，足以令我终生难忘。看完动画片以后，我如同醍醐灌顶般顿悟过来，觉得应该画一些表现儿童单纯的、大气的东西。要知道，当时很多父母根本就无视甚至践踏孩子的那种单纯和大气。因此，在我的作品中，我经常倡导用童真的东西来反思这个社会，希望将"童心"传播到世界各地。

一直到现在，我坚持认为每个大人都曾经是孩子，只可惜我们都忘了。幸运的是，我通过自己努力创作的作品，让人们遗忘已久的童心一次又一次地回归，让人们相信这个世界是美好的。

延伸阅读

一部让导演看到哭的动画电影

寻找《天空之城》，与《龙猫》相遇，看见《哈尔的移动城堡》，和《千与千寻》一同成长……宫崎骏的动画片就像一个个绮丽的梦，带有很浓重的童话色彩。他一辈子为儿童造梦，以动人的故事和温暖的风格感动了世界上无数的人。

在年过七旬之后，宫崎骏选择以零式战斗机之父堀越二郎的故事为题材，讲述了一个日本人的往事。在这部名叫《起风了》

的动画电影中，没有不可思议的魔法，也不会出现怪物，主角是一个实际存在的人物。宫崎骏把"儿童喜闻乐见"这一原则放下，用他最喜欢的飞机当工具，讲了一个"年幼做了个美梦，然后用尽一生去实现美梦"的故事。这部电影依然有梦，但不是童话，而是一个老人对自己人生的回顾、对多年所处社会的反思，以及对后辈的寄语。

在《起风了》试映会上，宫崎骏看得泪流满面。在他那么多名满天下的作品中，这还是唯一一部让他自己看到哭的动画电影。

迷途知返的捣蛋鬼
——乔布斯

- 出生地：加利福尼亚州旧金山
- 生活年代：1955年—2011年
- 主要成就：苹果公司的联合创始人；领导研发团队，先后推出了苹果电脑、iPod、iPhone和iPad等电子产品，深刻地改变了人们的生活方式
- 优点提炼：注重完美，勇于变革，不断创新

美国人

企业家、发明家

　　1955年，我出生在美国旧金山，我的人生就此拉开序幕。不过，一开始上演的内容却是让人始料不及的。我的父母当时还没有结婚，他们的婚姻受到我外公的强烈反对，而且妈妈还是威斯康星大学的在校学生，没法儿专心抚养我成长。于是，她就想为我找一个合适的领

养人。

为了让我将来获得良好的教育，妈妈要求领养人必须是大学毕业生。可是愿意收养我的乔布斯夫妇却都没有上过大学。不过他们真的很喜欢我，于是向妈妈一再保证以后会让我读大学，接受良好的教育。

就这样，我出生不久就被送到了乔布斯家。我的新妈妈是一个家庭主妇，她几乎把全部的心思都用在照顾我的生活起居上。我的新爸爸是一名机械设计师，虽然文化程度不高，却很开明，在对我的教育上也很有一套。在这样温馨的家庭氛围下，我完全感受不到自己那段不愉快的身世。

在我蹒跚学步时，爸爸买来摇摇木马，还在我的房间里放了一台留声机和一些欢快的唱片。每当我哭闹的时候，他就放音乐，这样我就会马上破涕为笑。

等我稍微大些时，爸爸就教我一些和机械有关的知识。比如怎么使用铁锤和锯子，怎么动手制造一些小玩意儿，等等。他是一个很了不起的人，双手像是有魔力一般，可以创造出很多神奇的东西来。我小时候一直很崇拜他。

等我长到五六岁的时候，有一次，爸爸把我叫到家里的工作台前，说："史蒂夫，现在你已经长大了，要像老爸一样会做自己想做的事情。这个工作台就是你以后尽情发挥自己才智的地方。让我们一起努力吧！"说着，他在工作台上划分出一小块区域，留给我拆拆装装、敲敲钉钉的时候用。

哇，从今以后我也有自己的工作台了！我也可以捣鼓那些自己喜欢的玩意儿了！这对我来说，是一个多么让人振奋的消息啊！

我把属于自己的那块工作台清理干净，将自己的工具整齐划一地摆放好。如果有需要爸爸帮忙的地方，我会向他借用工具。当然，他也可以来借用我的工具，呵呵。

后来，爸爸经常从旧货市场买一些破旧的汽车回来，然后用自己灵巧的手将它们修好，再转卖出去。爸爸对每个细节都要求完美，每一个配件的安装、每一道工艺的琢磨，都会花很多工夫。他常说："做这些事情的时候要用心。哪怕是把它安装在别人看不到的地方，它也一定会发挥相应的作用。认不认真会关系到它好不好用。"

在爸爸的引导下，我对汽车和电子产品非常着迷。虽然我那时候年纪还小，但是已经懂得了很多科技方面的知识。现在回想起来，这应该是我人生的宝贵财富。

上学之后，学校里令人拘束的生活让我无法忍受。老师也很刻板，总是凶巴巴地让我们做这个、做那个。为了表达不满，我和班上的"闹事大王"里克总是合起伙来搞一些恶作剧。

比如说，学校明令禁止带宠物上学，我和里克就特地制作一张小海报，贴在教室，说明天是"带宠物上学日"，可以带任何宠物过来。同学们不明就里，真的把家里的宠物都带过来了。一时间，教室里满是猫猫狗狗，有的同学甚至带了穿山甲和黄鼠狼过来。老师们被吓了一跳，满校园追着宠物跑。那场面真是太疯狂了！

那时候，我们都是骑自行车上学。大家把自己的自行车停放在一起，分别用密码车锁锁住。我和里克又想出了一个恶作剧：我们先识别每个人的自行车，想办法套出大家的密码，然后把所有的车锁互换了位置。等到放学的时候，大家按照自己的密码来开锁，却没有一个人能打开。当然，也就没有一个人能骑车回得了家。看到这样的情形，我和里克得意地哈哈大笑。

我俩的恶作剧闹得越来越不可收拾，后来校长费了不少心思才想出办法，将我和里克分到了不同的班，才让我们俩减少了一起捣乱的机会。这时，一位新老师希尔夫人出现了。她不像其他老师那样斥责我，而是温和地跟我讲道理。看到我有一点点小进步，她都会不吝言辞表扬我。

希尔夫人甚至跟我打赌，只要我独立完成数学作业，并且做对其中的80%，她就送给我一个大大的棒棒糖，外加五美元！

天哪，在满是斥责和抱怨的校园里，我从来没有听到过这么美妙的话。我当即答应下来，并且轻松地实现了目标。后来，希尔夫人看到我喜欢发明创造，又送给我一套制造照相机的零部件和工具，让我自己组装。我觉得那个镜头不好用，还自己亲手制作了一个。

希尔夫人对我的做法很满意，夸我是一个有创造力的孩子。从那

以后，我的生活彻底发生了改变。我重新点燃了对学习的热情，觉得没有什么是我做不到的。

一年之后，我的学习突飞猛进，以优异的成绩结束了四年级的课程。鉴于我的优秀表现，学校建议我直接上初中。但我的父母觉得，让一个十一岁的孩子直接上初中，并不是什么好主意。于是他们只同意让我跳过五年级，直接进入六年级就读。

现在回想起来，我仍然对希尔夫人充满了感激。是她引导我迷途知返，走上了自己想要走的道路。

> 延伸阅读

时间就是生命

据说乔布斯经常像一个挑剔的用户那样，仔细品评自己公司的产品。

有一次，他启动公司新研发的电脑，发现开机过程用了不少时间。乔布斯于是阴沉着脸，走进工程师拉里·凯尼恩的办公室（凯尼恩主管操作系统），对他说："你能想办法让启动时间缩短十秒钟吗？"

凯尼恩十分为难地说："这个恐怕有难度，我们会为此多付出很多……"

缩短十秒钟。

"不不不！"乔布斯打断了他的话，"如果这样做可以救人一命的话，你干不干？"

凯尼恩毫不犹豫地说："如果是那样，当然值得去做。但是我不明白，您为什么会这样说？"

乔布斯于是走到一块白板前，用水笔给凯尼恩演示："假如有五百万人使用我们的电脑，每天开机多用十秒钟，那每年就要浪费三亿分钟，这相当于十个人一辈子的寿命。你说这个改进值不值得去做？"

凯尼恩听后深感震惊。后来，他不遗余力地改进了相关的软件，最终让电脑开机时间缩短了二十八秒。

家人是我的坚强后盾
——科比

- 美国人
- 职业篮球运动员

出生地：宾夕法尼亚州费城

生活年代：1978年—2020年

主要成就：美职篮（NBA）最有影响力和最具偶像气质的篮球巨星之一，五次夺得美职篮总冠军，曾两获美职篮总决赛MVP（最有价值球员）称号，被认为是"篮球之神"乔丹的接班人

优点提炼：勤奋刻苦，使自己的天赋与后天努力达到完美的结合

在洛杉矶一栋普通住房里，一个身着球衣的小男孩，一边看电视，一边玩着手中的小球。电视里正在直播的是美国职业篮球联赛（NBA）的比赛，其中就有小男孩爸爸的身影。每次爸爸进球得分，小男孩都

会兴奋得手舞足蹈，并跟着电视里的解说一起拍手，一起欢呼——那个小男孩就是我。

我叫科比·布莱恩特，1978年8月23日出生于美国费城。家里除了我之外，还有两个姐姐。说起我的名字，那还有段趣闻呢！因为爸爸和妈妈酷爱日式餐饮，"神户牛排"是他们的最爱，于是他们就用菜名"KOBE"当作我的名字，取日本神户的意思。

我的爸爸是一位职业篮球运动员，打了八年美职篮（NBA）。他先后效力于费城七十六人队、圣地亚哥快船队（后来的洛杉矶快船队）以及休斯敦火箭队，一路走来经历了许多曲折坎坷。我小时候的记忆大多是随着爸爸辗转各球队而留下的。

我出生后不久，因为爸爸换了新东家，效力于南加州的圣地亚哥快船队，于是我们举家离开费城，来到南加利福尼亚州。在这里，我第一次看到阳光下父亲运球时的模样，和他投篮时手指若拨弦般的划动。我几乎能感觉到爸爸运球的声音和我的心跳保持着同一频率。那时我才三岁。一次看了球赛之后，我信誓旦旦地对妈妈说："妈妈，长大了我也要打美职篮！"妈妈笑着回答说："宝贝儿，真棒！"她顺手给了我一个紧紧的拥抱。

我六岁那年，爸爸携带我们一家漂洋过海，落户意大利，开始了他的欧洲篮球"淘金"生涯。这一去就是八年。

意大利是足球王国，热衷篮球的人不那么多。初来乍到的我，语言不通，环境不熟悉，放学后总要与爱好踢足球的同学争抢场地。如果对手只有两三个人，我还能想方设法将他们赶走。但如果踢足球的有二十来个人，我就只能忍痛割爱，偶尔还被迫当当守门员。

最感激的还是我那善解人意的妈妈。她看到我痴迷篮球，特意为我在后院支起了一个篮球架，于是那里变成了我的乐土。每天，我都要在那里逗留很长一段时间。如今那个已破旧不堪的篮筐，记录的是我童年的那段时光。恍惚间，我似乎又看到了多年以前那个幼小而孤独的投篮身影。

回到美国上初中后，入校不久，我就开始参加校篮球队训练。初二时开始随队打球。刚开始，我因为听不懂队友们在场上呼喊的一些用语，很难配合默契。我常常能够轻松地突破对手的防守，却找不到传球对象。即便如此，我得天独厚的身体素质让我从一群同龄人中脱颖而出。十三岁的我，在球场上特别抢眼，这一点吸引了校队教练的注意。

一天下午，校篮球队的队员们都解散了。有的人去打电子游戏，有的人回家看电视。空旷的球场上只剩下我一个人反复练习着运球上篮，左晃右摆地寻求突破，空中大转身勾手投篮……

"嘿，科比，你在和谁斗牛（一种现代非常流行的三人篮球对抗项目）呢？"

"你好，道纳教练，我在和'影子敌人'决斗。"看到教练主动过来打招呼，我有些难为情地回答。

"我现在就是你真正的敌人。让我们来一场真正的决斗吧！"

我望着教练笑了笑，有些胆怯，同时心中有一个巨大的声音在回响：你怎么可能是教练的对手？

可当球传到我手里的时候，这种胆怯顿时烟消云散了。手中的球仿佛变成了我身体的一部分。我高度警惕，用身体护住球，与逼近我的道纳教练保持好防守距离。突然我找到了一个机会，先是向右一个假动作，然后腰部用力一扭，一个运球转体便轻松突破教练的阻拦直奔左侧篮下，接着一个漂亮的拉杆进球，我居然赢得了领先。

我们大概对抗了十几分钟，道纳教练叫停了比赛。他很有风度、很谦虚地对我说："小伙子，好样的！我打不过你，甘拜下风！未来，你一定是个了不起的美职篮明星！"

"谢谢你，教练。我会继续努力的。"听到教练对我如此高的评价，我十分高兴，同时也渐渐意识到，自己离篮球梦想的实现越来越近了。

后来，我升学到一所高中，那是传说中"篮球皇帝"张伯伦的母校。热爱篮球的我不仅率校队夺取了州高中冠军，还打破了由张伯伦保持了几十年的得分纪录。我在篮球方面的天赋渐渐被发掘出来，很快引起了美职篮的关注。

1996年，还是高中生的我决定参加美职篮（NBA）选秀会。我就这样一步一个脚印，凭借辛勤的汗水和无数的付出，慢慢走上了职业

篮球运动员的道路。

　　现在回想起来，我能成为今天的我，很大程度上要感谢父亲教给我的最可贵的东西。他教会我要始终保持对篮球和对球迷的热爱。他不止一次地告诉我，不要让压力和人们对你的期望破坏了你从篮球中体会到的乐趣。因此，我学会了在比赛中充分表露自己的风格，想做什么动作就大胆地去做。我由衷地觉得篮球是一种艺术，打球就是一种寻找幸福的过程。这一切，我都做到了！

延伸阅读

科比与慈善事业

在完成职业生涯的同时,科比积极投身于慈善事业,通过各种途径帮助贫困儿童。他不遗余力地对社会作出贡献,其中,许愿基金会、圣犹达儿童医院和美国男孩女孩俱乐部就是他参与慈善活动最重要的三个舞台。

科比是美国全国性慈善组织全明星课后辅导协会的大使,曾经访问过由协会创办的多所学校,并为合适的年轻人提供机会,

为全球的儿童贡献自己的力量。

让他们在自己的篮球训练营免费学习和训练。他还发起了他自己的基金会——科比·布莱恩特家庭基金会，进一步为全球儿童的健康成长贡献自己的力量。

除此之外，科比还与中国宋庆龄基金会签署合作协议，成立了科比中国基金会。科比中国基金会旨在促进中美两国青少年文化艺术与体育交流，帮助中国西部地区贫困学生完成学业，建立篮球学校推广篮球运动，促进中国职业篮球运动员提升竞技水平。为此，科比多次来到中国开展中国行活动，为慈善公益和中国青少年篮球运动员的培养做出努力。其间，他还创立了著名的"科比门徒"项目，培养了一批优秀青少年篮球选手。